U0495327

明斯基时刻

如何应对下一场金融危机

[美] L.兰德尔·雷◎著
张田 张晓东 等◎译

中信出版集团 | 北京

图书在版编目（CIP）数据

明斯基时刻：如何应对下一场金融危机 /（美）L.兰德尔·雷著；张田等译 . -- 北京：中信出版社，2019.4 (2022.8重印)

书名原文：Why Minsky Matters:An Introduction to the Work of a Maverick Economist

ISBN 978-7-5217-0166-1

Ⅰ . ①明… Ⅱ . ① L… ②张… Ⅲ . ①金融危机－研究 Ⅳ . ① F830.99

中国版本图书馆 CIP 数据核字 (2019) 第 041193 号

明斯基时刻：如何应对下一场金融危机
著　　者：[美] L. 兰德尔 · 雷
译　　者：张田　张晓东　等
出版发行：中信出版集团股份有限公司
（北京市朝阳区惠新东街甲 4 号富盛大厦 2 座　邮编　100029）
承 印 者：北京诚信伟业印刷有限公司

开　　本：880mm × 1230mm　1/32　　印　　张：9.5　　字　　数：203 千字
版　　次：2019 年 4 月第 1 版　　印　　次：2022 年 8 月第 4次印刷
京权图字：01-2015-8255
书　　号：ISBN 978-7-5217-0166-1
定　　价：58.00 元

本书翻译组成员名单

翻译指导 陆 磊 姚余栋

组　　长 郭新明

副 组 长 王晓红

翻译组成员

杨 瑾 钱 皓 张 田 张晓东

刘社芳 刘 蔚 王雯雯 牛 哲

推荐序

2007年以来，美国次贷危机所引发的新一轮全球金融危机让人们再一次审视金融体系的缺陷和现代经济金融理论的不足。对于危机的爆发，很多人称之为“明斯基时刻”或“明斯基危机”。这足以证明明斯基对于现代经济金融理论的重要贡献，也不由得使我们聚焦于明斯基带给现代社会的诸多闪光的经济思想。

正如这本书作者所指出的，明斯基的思想是站在巨人的肩膀上，同时他自己也是一位巨人。在明斯基的求学历程和研究经历中，我们可以看到约翰·梅纳德·凯恩斯、保罗·道格拉斯、约瑟夫·熊彼特、华西里·列昂惕夫、阿尔文·汉森、亨利·西蒙斯、保罗·萨缪尔森、杰克·格利以及爱德华·肖等一大批西方著名经济学家的身影，以及他们对明斯基思想的影响。似乎很难将明斯基归为经济学流派中的哪一派，他的思想既吸收了凯恩斯的政府干预主义，还基于制度分析扩展了保罗·萨缪尔森设立的乘数–加速数模型。除此之外，他还被认为是结构主义者。

这本书用简洁通俗的语言诠释了明斯基的主要经济思想和政策主张。通过阅读本书，读者还可以清晰地了解20世纪50年代以来主流经济学理论发展演变的过程，并从中了解到不同学派经济思想的争议和交锋，从凯恩斯主义到货币主义理论，到新古典经济学的理性预期以及实际商业周期理论，再到“新”新古典综合主义理论。同时，金融理论伴随着经济理论的发展而不断演进，为中央银行的宏观调控政策提供了基石和土壤。

当然，这本书中关于明斯基的观点和论述尤其引人注目，主要有以下几个方面。

第一，金融不稳定假说及其对金融危机的预测。不同于主流经济学理论，明斯基从另一个视角给出了金融危机产生的原因，即市场自身是不稳定的。在经济扩张期，繁荣本身就蕴藏着不稳定。风险更高的投机融资和庞氏融资比重的加大，使金融体系日益脆弱。在“货币经理资本主义”阶段，金融创新层出不穷，金融管制进一步放松，加剧了风险赌注、高杠杆比率以及对短期利润的追逐，导致了“经济的过度金融化”或者说金融的虚拟化，金融不稳定性日益加剧。公司制和股票期权“拉高出仓”的激励机制让人们通过市场操纵而获益，资金在大宗商品、房地产、股票市场之间寻求利润。这些在某种程度上似乎就是今天中国金融市场的部分写照。

第二，就业的重要性及其对稳定经济的重要作用。明斯基认为，消除贫困和失业对“稳定不稳定的经济”至关重要。因此，他提出“最后雇主计划”，即政府应该作为最后雇主，在规定的工资水平上为任何有需要的个人提供一份有偿工作。明斯基的主要论点包括：贫困主要是就业问题；严格充分就业能改善底层工资收入；直接就业创造计划是维持严格充分就业的必要条件，是“消除贫困斗争的必要组成部分”。明斯基甚至认为“最后雇主计划”是政府支出的最重要的自动稳定器。

第三，“大银行”（中央银行）和“大政府”（国家财政）对于应对危机的积极作用。明斯基认为，大银行和大政府有助于抑制市场经济的内生不稳定性。但与主流凯恩斯主义观点不同的是，他反对政府的大规模投资，因为其不可持续——如果它能达到几乎充分就业，将会因引起通货膨胀而停止。明斯基主张有针对性地支出，如直接创造就业机会。同时，他认为在危机中，中央银行应该立即、无限制地提供流动性，并提倡将最后贷款人援助拓展至“非银行的银行”，即所谓影子银行。但是，他可能反对对金融机构的救助，因为这会带来道德风险，进一步鼓励风险行为的继续。

第四，建立有利于经济发展的金融结构和减少金融脆弱性的改革建议。明斯基反对大银行的权力集中和分支机构扩张，因为“大而不能倒”隐含着强大的政府支持，从而鼓励风险行为的发生。他认为应建立社区发展银行网络，并提供更多的金融业务，为更广泛的小客户提供需要的金融服务。同时，为了及时发现金融体系中的不稳定因素，履行好“最后贷款人”职责，中央银行必须被赋予更为强大的监管权，以监督银行的资产负债表，分析宏观环境的不稳定性，制定促进宏观经济和金融稳定的政策。

对于今天的中国经济而言，解读明斯基这样一位独特而又伟大的经济学家的思想无疑是具有重要意义的。中国正在面临日益复杂的经济金融情况，金融创新层出不穷，金融市场大幅波动，可能面临着整个金融体系的重构和金融监管体制的变革。学习、借鉴明斯基的经济思想和政策主张，无论是对于我国的经济金融理论界、实务界，还是对于宏观经济政策制定部门而言，都显得必要且重要。

因此，我郑重、诚恳地向广大读者推荐此书，相信你们一定会收获良多！

姚余栋

引　言

海曼·明斯基对经济金融领域有着不可忽视的贡献，本书以阐述他的主要理论观点为宗旨。

本书并不是海曼·明斯基的自传或个人思想史，而是以扩大理论受众为主要目的。相比弗里德曼通俗生动的著作，明斯基以文笔晦涩夸张著称，即便真正的经济学家也难以把握，这造成了其理论的受众范围较小。本书避免通篇的专业术语，而是用平实的语言解释明斯基的理论，便于想要学习的读者深刻体会到明斯基理论的重大意义，他堪与查尔斯·达尔文、西格蒙德·弗洛伊德和米尔顿·弗里德曼比肩。

众所周知，因为弗里德曼文笔平实而使人容易入门，所以他的著作有很多读者。相比之下，明斯基的著作往往并不是面向普通读者，因此难于被人理解。即便试图让读者理解，由于文风较为夸张晦涩，也难以实现。他的理论需要有人做翻译。

然而，对明斯基的著作进行平铺直叙的翻译可能无法吸引广大读者，写作题材必须有吸引力，必须具有可读性。因此，本书选取了明斯基对全球金融危机的预见分析作为切入点，分析解读其理论观点与建议。2008年全球金融危机并非金融危机事件的终结，明斯基的前瞻性视角能使我们意识到今后危机的演进脉络。

阅读本书可以帮助读者更好地理解金融危机及其处理方式，但本书并不止步于金融危机。明斯基的理论不仅能让我们了解此次金融危机的发生过程，而且能让我们识别危机的根源以及形成因素。

本书围绕明斯基平生的研究主题展开，大致分为三个部分进行论述：基于明斯基的知名著作《稳定不稳定的经济》提出的金融不稳定假说，早期关于就业、分配不均和贫困的观点，20世纪80年代中期之后关于货币经理资本主义（Money Manager Capitalism）的研究。尽管这些成就都是相关的，但将明斯基的事业分为不同阶段将更有利于学习。

明斯基毕生的研究都包含了一个主题，即与多数经济学家观点不同，他认为市场运行从来不是平稳的。对广为流传的经济学学说进行无关痛痒的修改无法弥补其本身的缺陷。明斯基之所以重要是因为他在经济金融领域提供了完全不同的视角。

明斯基的成就是非凡的。明斯基是众人关注的焦点：一位睿智的学者，身材高大，机智风趣。在他年轻时的一张照片中，明斯基抽着雪茄，十分潇洒。即便后来年事已高，他依然保持着一颗童心。我第一次见到他时的那个场景仍然历历在目。记得他慢吞吞地走进教室，嘴里嘟囔着："怎么学生一年比一年多呢。最后进教室的人一定要关好门，免得外面的人听到了我们在讲什么。”随后，他开始了一场精彩的讲座，内容极为丰富，从威廉·詹宁斯·布赖恩的《黄金十字架》演讲，到纽约银行家稀奇古怪的起诉书，还讲到了此前一天圣路易斯红雀队的篮球比赛。

我为明斯基教授担任助教期间，他曾把我叫去，劝诫我“思想可以开放激进，服装还是传统的好。办公室不是穿着背心、裤衩和人字拖的场所，领带、衬衣和长裤比较适宜”。后来我才知道，他读研究生时，他的老师兰格教授曾给过他一模一样的建议。

由于不提供笔记和教学大纲，也不指定阅读，明斯基先生大概担心学生难以适应自己的教学方式，从而对本科生们的成绩异常大度。他经常以“你们必须记住……”作为开头，然后讲述很早之前发生的事情。明斯基先生的语言总是很独特，他套用了华尔街的“行话”，又喜欢保持神秘，比如将购买资产说成“在资产中占有一席之地”，将卖掉资产偿还债务说成“出售位置获取头寸”，所以听众得逐步适应这种表述。每当讲述了一个较难理解的问题时，他还会得意地眨眨眼。

明斯基先生虽然享受成为被关注的焦点，但并不喜欢别人随意诠释自己的观点，他也从不肆意评论别人的著作。他总是很谦虚地说自己站在了巨人的肩膀上，其实，他自己也是让我们踩着肩膀的巨人。

感谢普林斯顿大学出版社的执行主编塞思·迪奇克（Seth Ditchik）邀请我写作这样一本书，感谢埃里克·蒂莫格尼（Eric Tymoigne）和其他学者对本书提供的有用建议，感谢利维经济研究所（Levy Economics Institute）在公休假期间对我的资助，帮助我完成本书，感谢迪米特里·帕帕季米特里乌（Dimitri Papadimitriou）和简·克雷格尔（Jan Kregel）将明斯基的著作整理至其档案馆，感谢埃丝特·明斯基（Esther Minsky）、戴安娜·明斯基（Diana Minsky）和艾伦·明斯基（Alan Minsky）多年来的友谊，最最重要的是，谨以此书感谢海曼·明斯基先生对我的支持和鼓励。

目　录

第 8 章　结论：以改革来促进稳定、民主、安全和平等

导 论

即便是最大程度的稳定，也包含了投资带来的不稳定。这种投资行为会带来收益，同时也极具风险。

——明斯基，1975，p.125[1]

任何想让经济活动有规律可循的尝试都是徒劳的。

——明斯基，1975，p.168[2]

明斯基的著作为何重要？缘于他对全球金融危机（the Global Financial Crisis，简称 GFC）的预见性。当危机来临时，很多熟悉他著作的学者（甚至一些对其不太了解的学者）称之为“明斯基危机”。单从这点就激发了我们对其著作的兴趣。

英国女王曾质问经济顾问们，为何没有对此次危机发出预警。

很显然，答案非常复杂。问题首先得从战后宏观经济理论发展史说起——从“凯恩斯时代”到米尔顿·弗里德曼的货币主义，再到以罗伯特·卢卡斯的激进学说为代表的新古典经济学，直至美联储前主席本·伯南克在危机时采取的新货币共识。宏观经济的发展同金融密不可分，例如“有效市场假说”和对金融机构监管实施“不干预”政策。

宏观经济学家错误判断金融危机的降临，原因与现实无关。他们设计的宏观经济模型建立在这样一个理性预期上，即每个人都能做出正确抉择，即便出错，也是随机的。模型中没有泡沫、没有投机、没有破产和危机，每个人都能按时还贷，这和现实完全不符。

相比之下，乌比冈湖效应（Lake Wobegon Effect）似乎无法控制，难怪经济学界无人看到危机降临。

正因为出发点完全不同，指望女王的经济顾问或美国经济顾问委员会发现危机，就如同请坚持“地球是平的”的专家来主持航空航天工作，并精确计算航天飞机返回的坐标。由于美国经济顾问委员会并不支持这一理论，因此没能为总统及时提供建议。

本书简要介绍了明斯基对经济理论和宏观政策的另一种研究思路，揭示了其核心内容。2000 年前后才有许多经济学家提及可能发生危机，而早在 1957 年，明斯基就已通过其金融不稳定性著作阐发了对危机的预见理论，早了近半个世纪。接下来的 40 年，他不断修订和深化这一理论。除了早早地预见了危机，他也深入挖掘危机背后的原因。因此，明斯基理论不仅指引我们走出危机，也能够预防以后会遇到的危机。

明斯基的观点可以用这样一句名言总结——“稳定即不稳定”。乍看矛盾的说法实际上包含深意：经济一片繁荣的时候，其实已经埋下了危机的隐患。稳定性会改变行为、政策制定和商业发展机遇，最终带来不稳定性。

1929 年，美国著名经济学家欧文·费雪宣布股票市场已经实现了“永恒的稳定”，从而彻底排除了市场崩溃的可能。20 世纪 60 年代末，保罗·萨缪尔森等凯恩斯主义经济学家坚持认为政策制定者应当对经济实施微调，以防通胀或经济衰退的发生。20 世纪 90 年代中期，艾伦·格林斯潘认为在纳斯达克指数股票泡沫中出现的“新经济”为高增长、低通胀创造了条件。2004 年，伯南克认为应开展“重大调整”，放缓经济衰退速度，削弱金融波动。

每一次，总有大量证据显示经济和金融市场是稳定的，这种美好的情形会一直持续，看上去经济学家们终于对了一回。但每一次这个幻想都被证实是错误的，“稳定即不稳定”才是真理，明斯基又一次胜出。

明斯基留下的，远不止这些内涵丰富的名言。

华尔街范式

明斯基理论深深植根于两大体系。一是“纯理论”体系。在学术界，经济学家创造理论、模型，再用经济数据进行验证。但事实上，主流宏观经济理论已经在近年用鲜活的实例证明了，这种做法对于真正理解市场运作机制毫无实际价值。

此外，明斯基理论还有另一块重要基石，即实际的金融市场。他时常说，自己起步于华尔街范式。需要澄清的是，明斯基并不是呼吁去做“占领华尔街”运动所抗议的对象——1% 的市场操控者，而是认为只有弄清楚华尔街的复杂交易，才能看懂当代经济。明斯基对于银行和其他金融机构以及金融市场有着深刻的理解。

这促使明斯基形成另一套研究思路，他不仅可以预见危机（新的经济大萧条）来临，[3] 而且断言这个问题会不断发生。他曾说，金融创新最终都会导致金融危机，例如证券化、提升负债比率、债务分层和杠杆收购等。

很早开始，明斯基便提出了能够减缓不稳定性的政策，随后的半个世纪，金融体系在进化，明斯基也在完善自身理论，并不断提出建议。

具有讽刺意味的是，主流经济学家所为恰恰相反：金融体系逐渐变得复杂、难以捉摸时，经济学家们却不断简化金融研究方法，降低华尔街金融创新在经济模型中的重要性，这些模型都是来自学术象牙塔。

在政府官员看来，现实似乎并没有那么糟糕，他们肩负对复杂金融体系的监管职责，却时常采纳简单而且十分危险的主流经济观点。

危机再度降临

即使是美国政府的自主调查结果也指出，全球金融危机的原因包括公共管理者无法约束失控的金融体系。《金融危机调查报告》[4]很好地证明了危机是可以预见并且避免的。但是，危机不仅发生了，而且并非意外冲击。大银行在众目睽睽之下一手催生了危机。

调查报告显示，全球金融危机表明公司治理和风险管理存在严重缺陷，因为金融机构经常只轻率地关注交易（实际上就是赌博）和高增速（威廉·布莱克[5]认为实质上是欺诈）。实际上，大银行得到政府的援助与纵容，政府监管者不仅没有履行好监管职责，而且不断放松监管，推动银行加强自律。例如，克林顿政府的财政部长劳伦斯·萨默斯，作为保罗·萨缪尔森的外甥和哈佛大学凯恩斯主义的领军人物，一直主张不对衍生品市场严加监管，而正是衍生品引发了金融海啸。

总是对失败的金融行为和事由揪住不放，并不值得称赞。[6]但此次危机的肇事者，那些大银行和影子银行的最高管理层完全逃过了责任追究。不过，在明斯基的观点里，假如我们从战后金融体系变迁这样的长期来观察，也会得出结论，危机并不能完全归罪于几个人。

全球金融危机的教训

正如明斯基所说，自 20 世纪 60 年代开始，金融脆弱性就开始逐步累积，类似20世纪30年代的大萧条很可能重演。尽管有可能避免金融危机，但在金融市场结构等诸多方面与大萧条的相似性，使得我们再次经历了类似的危机。

两次危机之间的区别在于政府采取的应对举措。正如明斯基说的，美联储和美国财政部联手，阻止经济滑向大萧条。但经济不可避免地陷入低迷，哪怕用了6年时间也未完全恢复，金融体系的崩溃造成数万亿财富顷刻消失。虽然失业率高达两位数，幸而有罗斯福新政和约翰逊总统的《经济机会法案》，形成了强大的保护网，没有再度陷入彼时的状况。

为了刺激经济回暖，奥巴马总统的大政府预算赤字已经增加到1万亿美元。为了拯救银行体系，伯南克提出的“大银行救助计划”[7]需要花费29万亿美元，因此，虽然此次危机的严峻性不亚于大萧条，但与大萧条时多半银行被强制放假相比，此次危机基本没有出现银行挤兑和大规模的银行倒闭。

明斯基认为，危机来临时，美联储应担任最后贷款人，防止恐慌的个人、公司和银行抛售金融资产，[8]从而导致债务通缩。胡佛总统任上的财政部长安德鲁·梅隆在大萧条初期曾说：“出售劳动力，清偿股票和房地产，如此一来它会自动抹去金融体系的缺陷。”[9]这一观点事后被证明荒谬至极，将一切都变现后，价格暴跌，农民、企业和个人全都破产了，情况变得更加糟糕。

伯南克虽然不善言辞，但毫无疑问的是，美联储在拯救银行、防止资产价格大幅下跌方面发挥了至关重要的作用。

尽管如此，结果仍然不容乐观。尽管自大萧条后，截至2015

年美国已经建立了稳健的金融体系、严格的监管和稳固的安全网，但我们也仅仅是对引发危机的金融机构予以维持，整体经济比1940年和2006年要脆弱得多。数千万美国人无力偿还贷款，数百万人失去庇身之所。

官方数据显示，失业率持续下降，但数据改善更多的只是表象。事实上，许多工人失去希望，被迫离开劳动力市场。全球金融危机已经过去多年，住房拥有率和就业率依然远低于危机前水平。与此同时，贫富差距扩大，财富继续向上层人士集中。

和罗斯福政府不同，此次政府未对金融体系进行彻底的改革，大银行扩张得更加庞大，风险也愈发集中，并且又重拾了那些导致危机的操作，政府实际上再次坐视危机酝酿。从这一点上看，我们并没有从金融危机中吸取教训。

经济学界意识到明斯基的重要性

面对危机的冲击，经济学界发现明斯基的贡献不可忽视。著名的凯恩斯主义经济学家保罗·克鲁格曼在其《纽约时报》的专栏里多次推介明斯基。2009年5月，克鲁格曼告诉读者，他将研读明斯基1986年的著作：

> 我在首尔认真地阅读明斯基的代表作[10]……不得不承认，他那柏拉图般的设想远超现实。他的书中有真知灼见，提出的金融脆弱性概念及其深刻见解，远胜所有人。大萧条

> 已经远去，金融体系却越来越脆弱。但相关的见解只是第九章的一部分，其他内容大都是冗长夸张的讲解，比如分析米哈尔·卡莱斯基的收入分配理论等，我认为和主题完全无关。我花了几十年学习凯恩斯，才有所领会。重读明斯基或许能够帮助我理解他思想的深度，不过也有可能起到相反的效果。[11]

随后，克鲁格曼在伦敦政治经济学院又做了三次演讲，第三次的题目便是“重读明斯基”，在此次演讲中，他赞扬明斯基富有远见，在全球金融危机来临之前很久就认识到了金融脆弱性。

2009 年 4 月[12]，在一年一度的明斯基大会上，继伯南克之后担任美联储主席的珍妮特·耶伦评价道：

> 很荣幸参加明斯基大会，并在众多杰出的经济学家面前发言。上一次发言已经是 13 年前我就职于美联储理事会时。当时的演讲题目是“金融机构风险管理的新方法”，讲述了风险衡量和管理的创新。今天，我的演讲题目是“明斯基危机：中央银行的教训”。在这里，无须赘述前后的巧合。在金融体系剧烈震荡时，更加需要深入研究明斯基理论，这些理论已经得到广泛认可。过去一年多来发生的一系列波动，就是明斯基关于系统性风险理论的经典案例，其他人几乎都没有看到这一点。[13]

既然主流的传统凯恩斯主义者都在提倡重读明斯基，并不断肯定他的观点，为什么经济学界的研究和政策制定还没有做出重大变革呢？

明斯基对于稳定性假设的驳斥

在伦敦政治经济学院的演讲上，克鲁格曼解释明斯基之所以没能获得应有的地位，是因为他的离经叛道，拒绝和主流经济学家一样进行正统的假设。

2014 年，克鲁格曼重申“老一派的主流经济学家未能预见危机，只是‘事后诸葛亮’”：

> 但是非主流学派应该意识到的很重要的一点是，他们一直以来观点偏颇。他们不断告诉自己：经济学家无法预测全球经济危机（并且随后出台不良的应对政策），以及贫富差距的扩大等，均说明传统经济理论存在缺陷。因此，应该从 1948 年萨缪尔森的经典教科书开始，质疑整个经济理论体系，给予其他学派同等发展的机会。
>
> 对非主流经济学家来说，遗憾的是质疑颠覆并没有发生。应该认识到，虽然正统经济学家没有预测出 2008 年的危机（其他人也基本没有），但是这并非因为他们缺乏分析工具，实际上我们对银行业危机的逻辑有着清晰的理解：真正的原因是经济学家缺少对真实世界的深入观察，没有意识到影子

> 银行日益提高的影响……这是目光短浅所导致的问题，并不是根本性的概念错误。一旦发现了影子银行的重要性，金融危机也就清晰地展现在眼前了：我们面临的依旧是传统的金融危机。[14]

按照克鲁格曼所言，明斯基早在20世纪80年代初就提及影子银行的发展，整个经济学界都没能看到这一点。1987年，明斯基写下了一句话，很有先见之明——“一切事物都将被证券化”。[15]

不过，本书要澄清的是，克鲁格曼犯了两个基本错误。首先，他并不通晓银行。第4章会提到，明斯基同华尔街联系紧密，并曾担任圣路易斯银行董事，有着丰富的银行业工作经验。其次，克鲁格曼和其他主流经济学家并不理解明斯基的理论。明斯基认为根本问题不是缺乏对影子银行的认识，即便看到了影子银行的崛起，也无助于预见金融危机。

明斯基对主流经济学的批判更加深刻：主流经济学的前提假设是经济自然趋向稳定，市场的内生动力能够使经济自动恢复供需“均衡”。而这一点正是明斯基所驳斥的。

经济学家的过失

危机过后，经济学界才后知后觉研讨危机发生的诱因。以下因素导致克鲁格曼等主流经济学家未能及时判断危机的来临。

第一，黑天鹅和肥尾效应。刚进入21世纪的那几年，经济看似一片繁荣,金融市场基于短期(主要是近5年)对风险进行定价,认为存在的尾部风险(不好的事情发生的可能性)较低。值得注意的是，此时亦即伯南克所称的“大缓和时期”，资产价格趋于上升。这是美国住宅房地产市场的写照，而住房市场的繁荣是经济繁荣的主要驱动力。美国住宅价格稳步上升，抵押贷款的违约和止赎非常低。因此,用这一期间的情况计算违约率并调整尾部风险,必然导致市场过度低估风险。人们本应设立较高的损失准备以应对“黑天鹅事件”(意外冲击)，覆盖肥尾损失。对此，我们现在才了解得更加清楚。

第二，美联储将利率长期保持在低位。为走出21世纪初的布什经济衰退期，美联储将利率降至低位以便创造更多的就业机会。由于缺少通胀预期，美联储并不打算收紧货币政策。但长期的低利率引导投机者增加借贷，刺激了房地产、商品市场和股市中的价格泡沫。美联储只注意到实物商品价格缓慢上升，忽略了资产价格的快速上涨。如果美联储关注投机泡沫，那么一开始就可以通过提高利率抑制其发展。而我们直到现在才对这一点有了更清楚的理解。

第三，忽视了影子银行(克鲁格曼最知名的观点)。太平洋投资管理公司的保罗·麦卡利(管理着全球最大的债券共同基金)首先提出了影子银行的概念，指代诸如养老金、共同基金、贷款公司等监管较银行更为宽松的金融机构。全球金融危机爆发前20年，这些机构快速发展，资产规模甚至超过了商业银行。影子银行可以开展银行的业务，比如存、贷款，但对其却几乎没有监管。

更重要的是，影子银行的杠杆率（资产与资本或资本净值的比例）非常高。它们自有资金的投资风险较低，更多借助别人的钱购买资产。即便资产价格只是轻微下降，也足以消耗所有资本，此时其他资金提供方就面临损失。监管部门应强制规定影子银行的资本充足率，确保其自有资金面对同样的风险。对此，现在我们才理解得更加清楚。

因此，主流经济学家很无辜，他们觉得如果将肥尾风险、资产价格泡沫和影子银行计入模型，是可以预测危机的。

全球金融危机发生以后，政策的改变也是基于这一观点。其中，最主要的方法是通过宏观审慎来降低系统性风险。作为一项广泛的命题，有关宏观审慎的争议从未停止。不过重中之重是提高资本要求，使得金融机构自有资金也面临风险；最终实现金融体系能够划分为两个部分，一部分为多数人提供安全的金融服务，另一部分为有能力承担风险的人创造收益。

明斯基的视角

尽管我们认为上述三方面因素推动了全球金融危机的形成（实际上，我们不该如此认定，上述三方面是缺乏逻辑的），[16]但明斯基认为这些都无关紧要，主流经济学界认为市场本身是基本趋于平衡的观点就是有问题的。

大家都熟知亚当·斯密“看不见的手”市场论说，[17]市场经济中个体在追求个人利益的同时，会被“看不见的手”引导，自主实现整体的最优结果。从技术上分析，个体应该会对价格信号做出反应，从而在市场出清的均衡价格上实现供需双方的平衡。

例如，对工程师的需求超过了供给，则工程师的工资上涨，更多大学生报考该专业就职,实现了均衡工资水平。在这个水平上，供给和需求达到了平衡。同样地，小饰品的供给超过了需求，生产者会自动削减生产，降低价格，直至需求和供给都实现均衡。

市场经济会达到这样一种状态，每一个方面同时达到均衡，即一般均衡。在这个状态中，不仅供给和需求相等，一般均衡自身也是稳定的，当发生波动时，“看不见的手”会自动将之调节至平衡。

虽然新古典主义经济学家们基于这一假设展开研究，但他们并不认为真实的经济总处于均衡中。出于黑天鹅和肥尾效应，经济时常发生波动，不过，自有“看不见的手”将之推回均衡。

关于市场的力量多久能发挥作用，主流经济学家仍存有争议。克鲁格曼对此有著名论断，在新凯恩斯主义经济学家（“saltwater”，以东岸的哈佛、耶鲁和普林斯顿大学为代表）和新古典主义经济学家（“freshwater”，以芝加哥大学为代表）之间做出了明确的区分。新凯恩斯主义经济学家坚持固有的市场摩擦阻碍了经济回归平衡，因此支持凯恩斯主义和政府干预，而新古典主义经济学家坚信市场自身的力量，主张自由经济和市场经济，政府的干预不仅无用甚至有害。

相较而言，明斯基坚持当代市场经济并没有“看不见的手”在背后操作，无法自动实现均衡。相反，即便达到了经济学家们理想的均衡状态，由于市场自身的不稳定性，其内在动力使得这一状态无法持久，直至下一次均衡来临，因此稳定中蕴含着不稳定。

静止的状态在不断改变行为、决策和商业机会。正是由于市场参与者预期货币政策会持续宽松，而不考虑黑天鹅和肥尾效应，所以伯南克的大缓和时期难以持久。在稳定的经济状态下，市场趋于饱和，赚钱的机会也会减少。稳定的经济状态下，会有增加税收、减少开支等措施，实现紧缩的财政政策和货币政策。由于稳定时，市场风险较低，监管力度将放宽，以上的政策导向促使市场参与者趋向于冒更多的风险，因此市场总是从一个稳健的状态走向脆弱。

以上便是明斯基的基本理论，与新凯恩斯主义和新古典经济学家的观点迥异。后者期望实现均衡，经济模型均要求稳定，建立在市场"看不见的手"之上。没有了这些，其理论大厦将崩塌。

部分新凯恩斯主义经济学家持反对意见：假定明斯基的理论无误，则经济动态体系里的稳定转瞬即逝，任何试图促进稳定的行为最终只是带来不稳定。但实际战后经济进入相当长的一段稳定期，说明政策发挥了作用，明斯基过于悲观了。

事实上，伴随长期稳定期而来的，是加剧的不稳定性和一系列金融危机，这证实了明斯基的观点。在罗斯福新政带来的稳定期内，诸多迅速发展的机构中都包含了不稳定因素。金融机构为了赢利，千方百计逃避监管，同时当局逐步放松了监管力度，风险不断累积。

随着金融体系的进化，发挥的作用不再是促进稳定性，相反会不断产生脆弱性。因此，需要设立新机构重建金融体系，避免经济产生泡沫。随着时间的推移，简单重复罗斯福新政难以奏效，需要发明新的新政措施。

接下来的章节里，我将通过概述约束不稳定性的各种改革，介绍明斯基的理论。这里，读者需要摒弃传统的经济学家观点，站在明斯基的立场上，经济无法总是保持稳定，均衡只是从相对稳定走向不断加剧的不稳定。

第 1 章简要介绍了明斯基的主要理论贡献。

第 2 章介绍了战后经济理论和政策的发展，并与凯恩斯理论革命做对比。明斯基经常表示，凯恩斯的理论革命之所以没能取得成功，主要是因为他的观点被传统新古典主义经济学家综合后断章取义。明斯基致力于重新解释凯恩斯的观点，并进一步将金融日益重要的作用考虑在内。

在其他章节中，我们仔细研读明斯基的著作，其中大部分遵从凯恩斯观点，并对其理论和政策革命进一步拓展。特别是第 2 章，还将主流经济学家与明斯基对凯恩斯的解读做了对比。

第 3 章详细介绍了明斯基如何搭建其著名的金融不稳定假说。在凯恩斯投资周期理论基础上，明斯基引入了投资融资理论。经济上行期间，企业和经济的金融脆弱性都在增加。早在 20 世纪 50 年代，明斯基开始研究相关的金融不稳定性模型，最终发表在其 1975 年的著作《约翰 · 梅纳德 · 凯恩斯》[18] 中。尽管以凯恩斯命名，但作品既不是凯恩斯的个人传记，也没有过多讲述凯恩斯的理论。明斯基表示自己站在了巨人凯恩斯的肩膀上，发表了个人对经济的全新观点。

第 4 章从明斯基的视角解读银行，并将之与保罗·克鲁格曼等传统凯恩斯主义者对比。传统凯恩斯主义基于银行存款乘数效应，而明斯基对银行的理解更为深刻，从资产负债表和资产头寸开始，适用于所有的企业、家庭和政府。他坚持认为，每个人都可以创造货币，区别只是接受度不同。

第 5 章的主要内容是明斯基在就业率和贫穷方面的观点。他对这一领域的贡献是在加州大学伯克利分校完成的，虽然不如金融方面的观点知名，但为肯尼迪总统在努力解决贫穷问题方面提供了另一种思路。明斯基认为，由于没有创造工作岗位，总统采取传统凯恩斯主义注定无法解决贫穷问题，最有效的方法是消除非自愿性失业。因此，他提倡罗斯福新政的做法，能够在大萧条期间创造 800 万个工作岗位。看上去，明斯基在 20 世纪 60—70 年代致力于这些方面的研究，同他的金融不稳定观点无关，但对他而言，只有实现了全面就业，减少贫富分化才能真正促进金融稳定。本章也进一步阐述了二者之间的关联。

第 6 章涉及明斯基晚年的研究。退休后，他来到利维经济研究所，对早期的金融脆弱性观点进行了修正和进一步扩展，不再关注经济周期内的金融发展变化，而将重点置于金融体系整体的长期变化。某种程度上看，他同早期论文指导老师，伟大的约瑟夫·熊彼特在某些方面不谋而合。明斯基独创了阶段分析法，分析结果显示，资本主义经济经历了多种形式的变化。第二次世界大战后，美国的资本主义经济非常稳定，随后的半个世纪里，金融体系逐渐变得脆弱，最终进入了货币经理资本主义这一新阶段，但这个阶段随着2007—2008年的全球金融危机结束了。第6章主要从这些方面解读明斯基眼中的全球金融危机。

自20世纪60年代起，明斯基就开始研究如何改进银行监管。第7章讲述了审慎的银行经营，以及一个好的银行应当如何去做。随后介绍了发达资本主义经济中的金融体系应该发挥哪些作用，以及如何在审慎经营的同时发挥功效。

第8章是结论，总结了明斯基改进稳定性、民主、安全和平等方面的措施。他毕生致力于减少资本主义内生的不稳定性，研究领域广泛。明斯基坚信，近年来贫富差距扩大、金融体系安全性降低使得市场越发不稳定，他进一步揭示了如何在降低不稳定性的同时不损害民主中最珍贵的自由因素。

本书还罗列出了一系列参考书目和明斯基的一系列著作。两者会有重复，但只有通过延伸阅读才能全面理解书中引用的各段内容。

第1章

明斯基一生的主要贡献

我从保罗·道格拉斯那里了解到，所有正统刻板的分析工具，譬如柯布–道格拉斯生产函数，对现实世界的解释程度非常小。为了提高有效性，分析工具应植根于对金融市场中的机构、惯例以及法理的理解。

——明斯基，1988，p.174 [1]

资本主义经济可以解释为一系列相关的资产负债表和损益表。资产负债表中的负债是指按要求付款、应急支付或者在特定日期的付款承诺。

——明斯基，1992 [2]

尽管这本书不是明斯基的自传，但是我们还是先简单介绍一下明斯基的生平。[3]

海曼·明斯基（1919—1996），本科在芝加哥大学就读，主修数学，辅修经济学，1941 年本科毕业。他获得了奖学金，得以留校并继续攻读经济学研究生。然而，明斯基只读了一学期就前往哈佛大学，参加后战争计划（postwar planning）的一个研究小组，与瓦西里·里昂惕夫教授共事。他原本计划返回芝加哥大学继续攻读学业，但是哈佛大学提供了更丰厚的奖学金。在哈佛大学的求学时光很短暂，一学期后，明斯基被美军征召入伍，1946 年他从柏林退伍，参加了美国军方管理部门的一项为期六个月的民用项目。后来，明斯基称他非常感谢这个项目，让他熟悉了具体机构以及历史背景。

明斯基从芝加哥大学和哈佛大学同时获得了研究生奖学金，但是他选择了哈佛大学，因为他渴望与之共事的几位老师当时均离开了芝加哥大学。1949 年，他在布朗大学获得了第一份长期教学职位。与很多博士生一样，他需要一边教学一边完成论文。他的论文指导老师是哈佛大学的约瑟夫·熊彼特教授。对于熊彼特教授，明斯基曾开玩笑地称“他的去世是身为论文指导老师的头条罪”。此后，里昂惕夫自愿接替熊彼特成为明斯基的第二任指导老师，尽管论文课题并不属于他自身的研究兴趣。明斯基于 1954 年完成了博士论文。在布朗大学期间，明斯基与埃丝特·帕尔多（Esther Pardo）于 1955 年结婚并育有两个孩子，一个后来成了艺术史教授，另一个成了进步广播节目的制片人。

明斯基曾短暂离开布朗大学，前往加州大学伯克利分校做访问学者，随后在 1957 年正式调入该大学任教。1960 年，他曾离开加州大学伯克利分校，在美国国家经济研究局短暂工作，但此后直至 1965 年仍留在伯克利任职。在国家经济研究局工作期间，他在多个顶尖经济学杂志上发表文章，研究内容包括乘数 – 加速数模型、中央银行和货币市场、就业和增长以及金融危机等。

在 20 世纪 60 年代中期，学生运动兴起。明斯基是左派经济学家，支持学生运动，但是并不认同其方式。他常说自己离开伯克利，前往位于圣路易斯的华盛顿大学的原因之一就是为了找回平静。实际上，他的离开还有其他两个原因：丰厚的薪酬以及有机会在圣路易斯的马克 · 吐温银行工作。在马克 · 吐温银行工作的那段经历，进一步提高了明斯基对金融机构、金融工具以及实践的认识与理解。

1969—1970 年，明斯基休假一年，在英国剑桥大学进修，与极具影响力的经济学家，如琼 · 罗宾逊和弗兰克 · 哈恩一起共事，并与简 · 克雷格尔（当时与罗宾逊共同撰写论文）结下了深厚的友谊。多年后，克雷格尔帮助创立了的里雅斯特高级经济学暑期班，每年夏末在意大利北海岸举办。明斯基曾在暑期班授课，并在那儿与后凯恩斯经济学家保罗 · 戴维森和皮耶兰杰罗 · 加雷尼亚尼展开讨论。他通常在其他人做报告时，坐在听众中间翻报纸，似乎漫不经心，但在随后讨论中却常常抛出尖锐的问题。

1990 年明斯基不再任教后，以知名经济学家的身份前往巴德学院利维经济研究所，在那儿授课直至 1996 年辞世。在利维经济研究所，他建立了两个时至今日学院仍在不断推进的研究项目，一个是货币政策与金融结构，另一个是美国与世界经济。他也是利维经济研究所中影响整个美国政策制定的中坚力量。例如，他建议在全美组建社区发展银行，而其中的部分理念被时任总统克林顿采纳并列入相关议案，为一些（小型）项目筹措资金。

1996 年，明斯基获得由发展经济学会颁发的“凡勃伦－康芒斯奖”（Veblen-Commons Award），以表彰其杰出的学术成就、教学能力、公共服务意识以及在发展经济学领域的研究成果。尽管明斯基通常被看作后凯恩斯主义经济学家，但他更乐意称自己是“金融凯恩斯主义学者”，这种称谓与美国制度经济学家更为接近。

明斯基的政治主张属于极端左派。一方面，学生年代的他是左派政治活动中极为活跃的人物，自称狂热极端主义者。他的父母是俄罗斯难民，是孟什维克（Mensheviks），他们在美国社会党资助的一次庆祝马克思 100 周年诞辰的聚会上相识。明斯基在加州大学伯克利分校任职期间，曾参加左翼民主党的政治团体。他的政治信仰促使他最终选择离开布朗大学和加州大学伯克利分校，因为当时他触怒了两所大学的高层管理者，前途受到影响。

另一方面，在芝加哥大学求学期间，明斯基与保罗·道格拉斯（柯布－道格拉斯生产函数的构建者之一，后来成为美国参议员）成为好友。明斯基结交了很多银行家以及华尔街交易员，包括利昂·利维和亨利·考夫曼。在学术界，明斯基的许多好友是主流经济学家而非自由主义经济学家（按照美国的界定），他并不认同将市场划分成“我们”与“他们”。在生命的最后几个月里，明斯基曾希望利维经济研究所的同事们加入主流经济学派，他告诉我们现在是“改变秩序”的时候了，哪怕只是一点点的改变。

明斯基抨击福利制度，这触动了很多左翼学生，他的观点有时听上去与里根总统的观点接近（他对福利制度的抨击将在第 5 章展开讨论）。

明斯基很少教授或谈及马克思理论，在写作中也很少涉及。他对于很多左翼经济学家的著作也予以严厉批判，随后我们会讨论到。他在芝加哥大学求学期间深受亨利·西蒙斯和奥斯卡·兰格的影响。这使明斯基对政治信仰产生困惑，因为今天大多数经济学家会将西蒙斯归为芝加哥大学自由市场派经济学家，而将兰格归为社会主义阵营。

然而，在明斯基看来，这些观点只是提供了让市场“发挥作用”的不同渠道。明斯基后来称，当兰格离开芝加哥大学为波兰新共产党政府效力时自己极度伤心。尽管明斯基声称兰格对自己影响很大，但 20 世纪 40 年代，当兰格来到纽约时，明斯基却回避见面，这可能是因为兰格与共产党政府交往过密。可以很肯定地说，虽然明斯基有时自称极端，但同时代的经济学家很少将他归为极端政治派经济学家。

对明斯基影响最大的是芝加哥学派的制度经济学家（特别是亨利·西蒙斯、保罗·道格拉斯，但是明斯基也跟其他派别的经济学家一起共事，包括兰格、雅各布·维纳和弗兰克·奈特）以及约瑟夫·熊彼特。明斯基认为“相比同为社会主义阵营的斯大林，兰格的社会主义观点与西蒙斯的资本主义观点共同点更多；类似地，相比于希特勒的资本主义观点，西蒙斯的资本主义观点与兰格的社会主义观点也具有更多共同点”。[4]他还注意到在芝加哥的高级教员中，只有兰格，或许还有道格拉斯，对凯恩斯的观点表示赞同和支持。

明斯基留下了大量跟随兰格以及奈特学习时的课堂笔记，这些笔记更使得他坚称当时芝加哥大学的经济学“是作为社会学的一部分，而经济学史、政治学、社会学、人类学和经济学均是整体教学中的组成部分，最终目的是为了理解现代社会”。明斯基称：“这与传统单独教授经济学相比，是更出色的教学理念。如果我能选择，美国经济学的学习应该放入社会学和历史学的大框架中。现在美国教授经济学的方式，教出的是受过良好训练但整体教育匮乏的经济学家。”[5]

尽管明斯基在哈佛大学担任过阿尔文·汉森的助教，他却称自己并不喜欢这种主流凯恩斯经济学家的“机械化”教学方式。凯恩斯对明斯基产生了深远影响，但是明斯基却对战后美国的凯恩斯主义学者，如保罗·萨缪尔森、罗伯特·索洛、詹姆士·托宾[6]并不太认同。这些经济学家被琼·罗宾逊戏称为“假冒凯恩斯主义者”（琼·罗宾逊曾打比方说，如果说这些经济学观点一方师承于新古典经济学，那么另一方我们并不清楚，但肯定不是凯恩斯）。

哈佛大学当时一直被视为“凯恩斯学派”阵地，而芝加哥大学是米尔顿·弗里德曼所倡导的“货币主义学派”的诞生地，但令人惊奇的是，早年在芝加哥大学的学习对明斯基影响非常深远。然而，正如他所坚称的，明斯基时期的芝加哥大学与现在作为自由市场思想堡垒的芝加哥大学完全不一样。芝加哥大学教给他的是要进一步提高对现实世界中各类机构、行为以及经济史的深刻理解。他的课堂笔记显示出，当年芝加哥大学的经济学教学理念与现在教授给学生的各类晦涩难懂的数学模型迥然不同。

分析明斯基的早期著作，可以看出他热衷于研究动态的、不断变化的，具有制度约束的经济现象。事实上，他的首批论文中就有一篇借鉴了保罗·萨缪尔森著名的线性加速模型，并增加了制度“上限与下限”约束。后面我们会更详尽地分析这篇论文，文章的基本观点是现代资本主义经济天生是不稳定的，这导致其由繁荣走向衰败。

这是明斯基从萨缪尔森的模型中所获得的启发。但是，他认为各种不同性质的机构，如部分是国有机构，部分是私有机构，这种差异性有效冲销了不稳定性。这是他从芝加哥制度主义经济学派中领悟到的观点。将萨缪尔森和制度主义经济学派观点综合，明斯基较好地解释了，尽管现代经济本身存在周期趋势，但失控的通货膨胀以及大萧条却很罕见，这主要是因为制度约束、抑制了经济的不确定性。明斯基对银行业的分析主要受到杰克·格利以及爱德华·肖[7]的影响，并且借鉴了熊彼特创新理论来分析金融部门。在 20 世纪 60 年代，明斯基参加了货币政策制定以及银行监管的重要研究课题，为美联储理事会和加州银行委员会建言献策。后来，他担任了密苏里州银行控股公司的董事会成员，借此更加触摸到金融的脉搏。他还成为马丁·迈耶的密友，而马丁·迈耶是美国战后金融历史中的机敏人物。

所有这些经历让明斯基更深刻地理解认识了现实机构以及操作实践，这些均影响了他的著作和思考。在他前往利维经济研究所后，他运用华尔街的人脉资源开展了一项名为“金融体系的重构”（The Reconstitution of the Financial System）的长期研究项目。这个项目后期发展扩大为每年4月召开的“明斯基研讨会”(Minsky Conference）[8]。近年来，明斯基对于失业和贫穷的研究受到重视，政府将直接创造就业作为一项重要的政策工具，以促进充分就业和经济稳定的兴趣再次提高。[9]

明斯基的主要研究领域

明斯基因提出金融不稳定假说（Financial Instability Hypothesis，简称FIH）而享誉于世，但他的贡献不局限于此。本部分还将简要介绍他在以下三方面的成就，分别是货币与银行业、“最后雇主”（employer of last resort）建议以及经济长期发展领域的观点。下面我们对他的主要研究领域进行简单介绍，随后的章节会对具体内容展开详细分析。

货币与金融机构

在格利和肖之后，明斯基对货币创造采用了更广义的方法，提出“每个人都能创造货币，问题是如何接受这一理念”。[10]货币实质上是货币账户的一种借据，但是货币是分层次的，一些货币的接受程度好于其他货币，其中财政部和央行发行的票据位于货币金字塔的顶端。

明斯基认为银行业是“接受”借据的重要机构，代表客户进行支付并持有负债。银行在自身账户中开展支付，随后通过中央银行储备金进行清算。此外，“因为银行家与商人具有同样的本性，寻求利润的银行家会利用各种方式为客户服务，而这种行为强化了系统的不平衡压力。反之，若资本性资产的价格降低，银行家提供融资的兴趣也会随之减少”。[11] 换言之，货币供给的扩张与收缩随着银行家对客户需求的满足而产生顺周期性。当经营形势良好时，企业很容易获得贷款；而当前景暗淡时，银行不愿意放贷。

在他第一批公开发表的文章中，[12] 明斯基分析了美国“联邦基金”市场（“fed funds” market）的发展状况，联邦基金市场是一家银行对另一家银行出借准备金以满足清算以及法定准备金要求的银行间市场。当时，这是相对较新的金融创新。大多数人认为准备金的数量限制了银行放贷，因为银行需要在贷款之前积累准备金以确保自身不会存在资金短缺。

然而，明斯基却认为，银行通过联邦基金市场主要是为了更有效地利用准备金。银行都不愿意持有任何超额储备，它们愿意按一定的利率出借超额储备给其他需要的银行。为此，造成美联储很难影响借贷行为或者通过限制储备金数额影响“货币创造”。按照明斯基的观点，银行贷款不由它们所持有的储备所决定，而由银行放贷意愿以及客户借款意愿所决定。如果银行需要储备金以满足清算或者法定准备金要求，那么银行会直接在联邦基金市场借贷。

由此可以看出，中央银行若想要影响银行放贷行为，那么必须影响银行的放贷意愿以及借款人的借款意愿。例如，中央银行可以提高银行放贷标准（即银行对于借款人资质的审核标准），从而促使银行提高对抵押担保物以及对借款人信誉的要求。中央银行还可以提高利率以抑制银行贷款。通常，中央银行不通过控制准备金数量，而通过设置利率目标以实现信贷调控。

明斯基在20世纪60年代为美联储开展相关课题研究，研究结论是中央银行应该通过贴现窗口提供准备金，从而促使银行从中央银行直接借款，而非从其他银行借款或者通过中央银行公开市场购买来筹措资金。明斯基更倾向于推动银行使用贴现工具，促使银行在借准备金时公开"账户"（对美联储提供其资产状况）。

银行通过选择可用于"贴现"的合格资产，向中央银行贴现窗口提供资产以借用准备金。这种方法便于中央银行更紧密地监测银行，并通过制定准备金贷款的抵押品要求提升银行的安全性。

然而遗憾的是，美联储选择了另一个方式，逐步放弃使用贴现窗口，转而更多使用公开市场操作。美联储实际上采取了货币主义学者的建议，如米尔顿·弗里德曼建议美联储应控制准备金的数量，但让市场决定准备金在银行之间的分配以及准备金的"市场价格"（利率）。在20世纪80年代，美联储甚至采取了弗里德曼式的操作规则，即保持准备金与货币供给以固定速度增长。所有这些操作模式均与弗里德曼"自由市场"观点吻合。

现在看，当时的政策选择是完全失败的。明斯基如果能看到现今所有中央银行均运用隔夜利率作为政策目标（他所倡导的），想必会很开心，中央银行仍坚持“不插手”的准备金政策，主要依赖公开市场操作而非明斯基所提议的贴现窗口来调节准备金供给。这种模式降低了明斯基原本期望的中央银行对商业银行的监管能力。

如果美联储在刚进入 21 世纪的最初几年内能紧密观测银行资产负债表，那么将会发现商业银行所累积的问题资产。通过贴现窗口对商业银行提供贷款能让美联储更详细地了解银行资产负债情况。如果美联储当年采取了明斯基的建议，那么可能会抑制因银行降低放贷标准、过度放贷所催生的无法控制的投机泡沫。

金融不稳定假说

银行顺周期放贷行为强化了商业周期，增加了不稳定性。对于明斯基而言，现代的商业周期就是金融周期。扩大支出和资产购买需要融资。只要银行愿意提供融资，那么产出和资产价格就会提高。这种增长模式能提升借款人的借款需求以及银行的放贷意愿。

花旗集团前任 CEO 查克 · 普林斯曾这样描述这种场景，“只要音乐奏响，你就必须起身跳舞”。如果每个人都在放贷，那么你的银行也不得不放贷。但是当音乐停歇，你突然发现你的银行持有的是不好的、无法出售的各种资产。贷款、投资支出以及资产价格均崩溃下降。如果不存在金融的顺周期行为，我们可能还有商业周期，但是现在商业周期已经淡化，而债务通缩也不可能出现。我们可以把金融部门看作周期的加速器，而且作用于正负两个方向。

明斯基的理论可以总结为“周期投资理论和投资融资理论”。前半句是凯恩斯的经典观点，即投资支出的波动影响商业周期。当企业对未来持乐观看法时，工厂和设备投资会增加，从而创造就业和收入。当预期变坏时，投资支出和就业也随之降低。

明斯基的理论扩展在于增加了对于投资的融资理论，强调现代投资是昂贵的，必须获得财务融资，因此融资导致了结构脆弱性。在经济上升周期，获得利润的企业和银行变得更加乐观，财务结构的风险加大。企业期望通过借款融资获得更多的预期收入。贷款机构也能接受更少的首期款，以及质量稍逊的抵押品。

在经济繁荣期，金融机构创新开发出更多新产品，更巧妙地应对监管当局的规则与管理制度。借款人外部融资更多（主要依赖借款而非储蓄或留存收益），也更倾向于发行波动性较大的短期债券（可能需要滚动发行或续发，贷款方不愿意对该类企业放贷，因此存在风险）。随着经济不断升温，中央银行提高利率抑制风险，由于企业大量依赖短期融资，借款者面临高昂的负债成本（企业无法用短期融资“锁定”利率）。

明斯基对金融头寸的脆弱性提出了著名的分类。最安全的被称作“对冲”融资（“hedge” finance，这与现在所称的对冲基金没有联系）。在对冲头寸中，预期收入足够偿付到期负债，包括利息与本金。而“投机”头寸是指预期收入足够偿付利息支出，但是本金部分需要滚动发行。“投机”在这种意义上是指，收入必须增长，必须获得再融资，或者能出售资产以偿付本金。

最不安全的是“庞氏”头寸（“Ponzi” position）*，庞氏头寸是指收入甚至无法偿付利息，因此负债方必须不断依赖借款来偿付利息（贷款余额随着贷款到期持续增长）。如果收入下滑或者利率提高，那么投机头寸会转变成庞氏头寸。近期的金融危机表明，庞氏融资也可能是金融业放贷标准不断放宽所导致的结果。很多家庭在刚进入 21 世纪的最初几年内均是通过庞氏融资获得住宅抵押贷款，它们的收入水平无法满足贷款偿付需要。

庞氏头寸是一种内生隐患。只有当贷款方允许贷款额持续增长时，才能避免贷款违约。在超过一定界限后，贷款方会通过强制违约减少损失。

在商业周期中，脆弱性随之产生，整个系统面临来自方方面面的危机冲击：收入可能低于预期，利率上升，贷款方缩减贷款，或者知名企业或银行无法按期偿付。正如金融体系会助长经济繁荣一样，金融体系也会加速经济崩溃，债务方需要减少投资支出，出售资产以偿还合同款项。

投资减少，收入和就业也随之缩减。随着资产出售，资产价格一路下跌。在极端情况下，欧文·费雪在大萧条时所提出的债务通

* 庞氏头寸是根据臭名昭著的诈骗犯查尔斯·庞兹（Charles Ponzi）命名的，查尔斯·庞兹创造了金字塔销售模式，与近年来美国伯纳德·麦道夫（Bernie Madoff）的诈骗手段类似。

缩可能出现资产价格暴跌、财富缩水，而大量的银行倒闭也可能出现。这促使人们和企业减少开支，而产出和就业也急剧萎缩。

然而，受到早期在芝加哥求学时的制度主义经济学派影响，明斯基认为制度约束的“上限与下限”有助于缓冲经济周期。尽管部分机构自身还设置约束，但是最明显的制度约束还是来自政府，如政府要求在股价下跌过快时暂停交易的股市规则，就有助于减慢通缩过程。

最著名的约束性机构是大政府与大银行。前者通过逆周期预算实现经济稳定。经济繁荣时期减少开支，提高税收；经济下滑时期加大开支，减少税收。因此，扩张时期的预算盈余和衰退时期的预算赤字能影响经济周期。明斯基认为，在经济衰退时期政府预算赤字上升没有任何错误，实际上，这种预算赤字对于避免经济衰退加剧演变成经济萧条是非常必要的。

中央银行可以尝试在经济繁荣期限制贷款（尽管明斯基持怀疑态度，因为追逐利润的银行会根据约束开展创新，联邦基金市场就是这类创新之一）。更重要的是，中央银行可以在金融危机来临时充当最后贷款人。中央银行应对需要满足公众提款需求的银行提供准备金贷款。实际上，明斯基提倡向更多类型的金融机构提供贴现窗口，包括“非银行的银行”（即现在所称的影子银行）。这种贷款机制能避免金融机构挤兑，避免银行为了应对公众提款而不得不廉价贱卖各类资产。

按照明斯基的理论，这次全球金融危机没有发展演变成 20 世纪 30 年代的大萧条，主要是因为大政府预算赤字猛增（达到 1 万亿美元）以及大银行（美联储）以前所未有的规模出借准备金。明斯基可能会说，财政赤字的规模应该更大些，美联储的反应应该更迅速果断些。他可能会指责华盛顿（以及伦敦、日本和欧洲货币联盟）在经济仍处于复苏过程中时,太快退出财政刺激。然而，他肯定会认为大政府和大银行是避免全球在 2008 年后进入全面萧条的最主要的机构因素。

“最后雇主计划”

尽管明斯基对于贫穷和失业的相关研究并不出名，但是从 20 世纪 60 年代到 70 年代中期，他在这一领域开展的研究数量基本与在金融不稳定领域相仿。虽然不明显，但是两个领域存在一定关联。明斯基相信减少失业、贫穷和不均衡有助于促进金融稳定。

在伯克利，他与劳动经济学家一道提出反贫穷战略，认为就业比福利更重要。明斯基批评约翰·肯尼迪和林登·约翰逊政府的“向贫困宣战”中的观点，告诫说若不能有效创造就业，即使创造了福利型、边缘化的阶级，也不能减少贫困。他提出，对每个低收入家庭若能提供一个全职就业机会，即使是最低工资，那么也能使三分之二的贫困家庭生活在贫困线之上。[13] 此外，他估计推动失业人群重新工作所创造出的产出，将不局限于新工人的额外工资所增加的 GDP（国内生产总值）而创造出的额外消费。

明斯基提出只有建立了“最后雇主”制度，法定的最低工资才是“有效的”，否则对于失业人群而言，实际最低工资就是零。

因此，他建议政府应为那些做好准备的、愿意接受最低工资的人群提供就业机会。只有政府有能力以最低工资及“无限的弹性”提供就业。

明斯基期望政府能制订工资计划，并雇用所有准备工作并乐于接受最低工资的人，他称之为“最后雇主计划”。在某种意义上，无论是私人部门还是政府部门只要提供略高的待遇，那么求职者就会接受。你也可以说该计划为社会提供了“就业大军”，因为雇主只要愿意支付略高于最低水平的薪酬，就能雇到员工。在明斯基看来，这比马克思“失业大军”要好，因为失业者缺乏技能，在找工作过程中还会形成不良习惯。

政府作为“最后雇主”就像是压轴角色，跟中央银行作为最后贷款人的作用类似。最后贷款人是对资产价格设置下限（对银行放贷以避免银行廉价售卖资产），最后雇主是对工资设置下限（任何希望工作的人均能获得最低工资待遇），也对总需求和总消费设置底线。通过这种方式，逆周期的财政政策得以强化（在经济衰退时期，政府增加在促就业方面的开支；当工人受雇于私人部门时，政府缩减相关开支），对逆周期的货币政策干预形成补充。

明斯基坚持认为，最后雇主计划中的工人会做有益的事情，并在工作当中获得技术。他对美国总统罗斯福推行的新政计划中的多个就业项目开展建模。实际上，他还亲身参与很多项目，他曾经作为保罗·道格拉斯教授（后来成为美国议员）的助教，估算柯布–道格拉斯生产函数。

明斯基并不倡导“创造工作”，因为这会挫伤工人的锐气，是不高明的政治手段。与凯恩斯一样，明斯基非常确信，这类工人能做的工作很多，如维修公园和校园地面，改善环境（清洁、造林、翻新房屋以提高能源效率）以及其他很多的公共服务（包括对老年人提供上门送餐服务，以及为儿童提供游乐安保服务）。

明斯基认为，最后雇主计划是 20 世纪 60 年代凯恩斯学派提倡的政府拉动投资政策之外的另一项有助于经济稳定的政策选择，而且能增加社会底层人士的福利水平。在明斯基看来，政府刺激投资的模式会形成“应变”不稳定性的政策，政府刺激需求以降低失业，随后又不得不削减开支、提高税收以应对刺激政策所导致的通货膨胀。政府在刺激投资推动经济发展的过程中，可能会增加金融不稳定性，因为部分投资资金来自私有部门发债。当政府试图冷却经济时，企业（和家庭）会难以负担在经济繁荣时形成的负债。因此，明斯基认为自己的建议比凯恩斯学派的主张更胜一筹。

经济的长期发展

尽管明斯基的金融不稳定假说通常被解释为经济周期理论，但是他也提出了经济长期发展变化的理论，主要关注第二次世界大战以来的经济变化。在此我们快速回顾总结明斯基的观点，后文会详细阐述。

明斯基认为，资本主义历经多个发展阶段，每个阶段均有不同的金融结构。19 世纪见证了商业资本主义（commercial capitalism），这种表述由鲁道夫·希法亭提出，当时投资银行盛行并主导金融界。

此阶段的一个突出特点是企业通过长期外部融资来购买昂贵的资本性资产。这种融资结构的风险较大，因为长期融资只有经历长周期而且所投资的项目必须有回报后才能偿付。这种资本主义进程最终坍塌，走向大萧条，明斯基视之为金融资本主义的失败。

第二次世界大战后我们又看到了另一种新型资本主义——“管理型的福利国家资本主义”，金融机构被新政改革约束，大型寡头企业的投资来源主要依靠留存收益。[14]私有部门负债很少，但是战争融资中的政府负债非常庞大——为家庭、企业和银行提供了安全资产。失业率很低，而政府建立了社会安全网以安置照顾贫困者和老年人。这种体系的融资结构稳健，但是可能因为前面讨论过的大政府和大银行问题而导致深度经济衰退。

然而，第二次世界大战后相对稳定繁荣的最初几十年内，人们积蓄了大量的储蓄，而且更具冒险精神，产生了“货币经理资本主义”。在这种资本主义阶段，主要的金融体系成员是“受管理的货币机构”，而管理较松散的“影子银行”，如养老金、对冲基金、主权财富基金和大学捐赠资金等则拥有巨量资金，寻找高额投资回报。金融工程师所开发出的各类创新刺激了私有部门债务收入比明显增长，而且对波动性较强的短期融资工具更为依赖。

很多人注意到这种发展变化，并用各种术语来描述这种资本主义阶段。批评者称为之金融化和赌博资本主义（Casino Capitalism），而支持者称之为所有权社会和新自由主义。金融的主导作用日益超过实体经济，社会顶层的少数人（1%）拥有大量的收入与财富，政府管理减少，鼓励大型金融机构的“自我监管”，负债比率、负债数量不断提高，国际贸易和资本流动障碍废除。

由于这些变化，金融体系逐渐出现问题。美国第二次世界大战后的首次金融危机发生在 1966 年（市政债券市场），但通过政府的迅速干预得以解决。这就形成了一种模式，20 世纪 70—80 年代危机频繁发生，但政府每次都进行救助。因此，政府干预催生了更具风险的金融结构，金融机构的各类尝试探索更多。随着金融危机越来越严重，政府救助所需要的投入也越来越大。

最后，全球金融危机在 2007 年爆发，很多人称之为“明斯基时刻”或“明斯基危机”。遗憾的是，大部分分析观点仍主要依赖金融不稳定假说而非他的经济发展阶段理论。就这点而言，他们并未意识到这是整个金融体系的崩溃，并非普通的金融危机。

明斯基坚信，如果金融体系的脆弱性积累经历了很长时间的发展变化，那么除非开展关键改革，否则经济的短暂复苏则预示着未来会出现更严重的经济崩溃。例如，1929 年的大萧条终结了金融资本主义阶段。解决金融体系问题的唯一方法就是彻底改革，譬如新政改革。除此之外的其他措施都只会使经济再次出现崩溃。

2007 年垮掉的是“货币经理资本主义”。很重要的是，用明斯基的方法，会发现这一阶段与 1929 年垮掉的“金融资本主义”很相似。“金融资本主义”垮掉后出现了大萧条，这使得政府出台了新政，对经济特别是金融体系进行彻底变革。

两个阶段有什么区别？明斯基的回答在于大政府和大银行。大政府是指联邦政府在经济中的比重，从占 GDP 的 3% 上升到 20%。大政府的大预算意味着能够通过逆周期的支出计划对经济下滑提供缓冲。大银行指的是美联储，会适时干预、支持金融机构和金融市场发展。

尽管美联储成立于1913年，但是1929年大萧条前其作用非常有限。大萧条后的10年内，半数银行破产（很多破产速度很快）。然而，2007年后美联储的功能不断扩展，不仅能救助银行和其他金融机构，而且能通过购买市场不愿意持有的资产直接干预金融市场。

在随后的几年中，美联储累积发放了29万亿美元贷款用来救助金融体系，这一数额两倍于年度GDP。[15]无论怎样，这不失为好的政策。这次前所未有的干预避免或者至少推迟了更严重的经济崩溃。此外，大政府下的预算赤字每年增长1万亿美元，这刺激了总需求。迄今为止，这些干预措施避免了再一次出现大萧条。

但是，明斯基的分析模式会让我们担心，这些政策究竟在多大程度上有助于经济重返稳定，政策本身就容易造成不稳定！金融市场参与者会调整预期，认为一旦出现任何问题，政府会进行救助。讽刺的是，干预措施的成功反而鼓励了更多的冒险行为。

在大萧条之后，市场参与者变得非常谨慎，在数十年内规避风险，直至上次金融崩溃的记忆逐渐模糊。这次，尽管导致大损失的风险行为没有再次发生，但各类其他冒险行为重新快速出现。截至2012年，很多反映金融脆弱性的指标（包括负债与销售收入比率、股价与销售收入比率）重新达到2007年的水平（甚至更高）。在全球金融危机前盛行的一些危险性的金融操作重新流行。低门槛贷款（限制很少的贷款，如放松对抵押品和收入的要求）、“实物支付”债券、垃圾债券、高收益担保债务凭证越来越多，而且很多人认为有效市场定价机制下可以降低贷款标准。

我们是否会面临又一次大的金融危机？我们并不确定，但是明斯基的理论告诉我们，这是有可能的。而且，他的理论对于重塑金融体系以及恰当设置经济稳定器提供了重要指导，能减少危机在不久的将来所发生的可能性。

受制度主义学派的影响，明斯基认为有“57 种”资本主义，因此货币经理资本主义会被更新、更稳定的其他资本主义形式替代。然而，正如他所主张的，对于资本主义的内在不稳定性，并不存在一劳永逸的解决方案。

为此，明斯基的观点仍旧非常重要。在本章的最后部分，我们会给出明斯基的政策建议。

改革资本主义

明斯基对改革资本主义制度提出了大量建议，以使资本主义制度更稳定、更公平。以下是他的主要政策建议总结。本书的后续章节将更详细介绍他对货币经理资本主义以及经济的过度金融化等问题的具体建议。

大政府（规模、支出、税收）

根据明斯基的观点，政府必须是大政府，确保预算的上下波动足以抵消私人投资的波动。这种界定意味着政府支出应大致“等于或大于私人投资规模”。[16] 与凯恩斯一样，明斯基相信，私人投资波动最剧烈的部分是厂房和设备的投资。如果是大政府，且预算支出逆周期波动，那么就能抵消私人投资的波动，并稳定总需求。按此标准分析，美国联邦政府财政支出约占 GDP 的五分之一，绝对属于大政府（因为政府支出完全超过私人投资）。

明斯基给出上述建议时，美国与国外贸易基本平衡而且家庭消费基本稳定（家庭收入变化对消费影响有限）。然而，国际贸易逐渐变得更加重要，而贸易赤字的波动给美国经济带来了更大的不稳定。[17] 此外，家庭消费的稳定性有所下降，家庭消费更多依赖融资，这是明斯基在 20 世纪 90 年代初开始意识到的。在经济下行期间，消费者减少借款和支出，情况变得更糟糕。

因为上述原因，大政府的预算可能需要超过私人投资开支。这意味着，如果社会处于充分就业状态，则预算应该约为 GDP 的 20%；如果未充分就业，私人投资支出可能略高于 GDP 的 20%，而税收收入可能减少；如果超过充分就业，税收收入会超过 GDP 的 20%，而私人投资可能会较少。财政预算的逆周期波动会减少经济繁荣期的需求，并增加经济衰退期的需求，这有助于抵消私人投资的波动。

对于税收，明斯基相信，大部分税收会引发通货膨胀，因为税收增加了成本。特别是，他认为雇主需要支付的社会保障税和企业收入税是成本转嫁价格。[*] 此外，明斯基担心，工资税会刺激资

* 明斯基，稳定不稳定的经济，1986，p.305

本取代劳动力（更多的机器，更少的工人）。为此，他建议减少企业收入所得税以及工资税中雇主的承担比例。

他建议考虑征收更广范围的增值税（消费中有销售税，在欧洲很普遍）。他还建议通过加大征收“过失”税等做法影响市场行为。特别是，他提倡提高石油税以减少石油的使用。

就业措施与通货膨胀

明斯基希望，除国防和老年、遗属、残疾以及医疗保险（OASDHI）之外的转移支付，应重新安排就业计划、儿童津贴以及公共基础设施的支出顺序。* 他认为就业计划可以替代除老年退休外的其他转移支付，从而大幅缩减非国防开支。

最后，他建议不对转移支付做最低生活费调整，以便通货膨胀推动政府预算趋于平衡（通过“等级提高”增加税收收入，同时避免社会支出的自动增长）。这有助于在经济实现充分就业时减少通胀压力。

明斯基希望减少转移支付（如“福利”、食品券和非就业补偿），部分原因是，他坚信这些转移支付可能使经济出现通货膨胀。** 在他看来，总需求在整体上决定了价格基于生产总成本（主要是工资）的涨价程度。因为社会支出使人们获得额外收入，并在总供给基本不变的情况下增加了总需求，因此成本之外的价格增长

* 明斯基，稳定不稳定的经济，1986，p.308

** 明斯基，稳定不稳定的经济，1986，p. 313

较为明显。随着转移支付相较于产出的增加日益增多，价格也随之上涨。

如果政府支出能从不增加供给、只拉动总需求转变成同时提高总需求和总供给，那么价格会降低。特别是，公共基础设施的兴建以及通过“最后雇主计划”提供就业（而非福利）能通过增大供给，提高需求，从而降低通货膨胀水平。

公司改革

尽管组建公司在资本性资产极其昂贵的经济中是必要的，但是在明斯基看来，这种制度安排“便于公司不再依赖股东融资，并获得特别资产……因此，公司，原本作为将对冲融资拓展为长期资本性资产的机构组织，也可能变成投机融资的工具——因为公司既有利于资本密集型生产，也可能助长投机融资，因此造成经济不稳定”。*明斯基想表达的是，组建公司能为投资提供资金，因为公司可以发售股票。然而，现代的股票市场却更多用于投机——并非为开展股权融资。

他相信自己所提倡的政策会降低“不稳定性，从而提升公司的经营能力”。他所提出的政策包括减少公司收入所得税，这可能导致公司更推崇债务融资而非股权融资，而且杠杆收购会增加目标收购的负债率（因为利息有税收优惠，因此借款备受鼓励）。他

* 明斯基，稳定不稳定的经济，1986，p. 316

还大力提倡那些有利于在实物资本投资中投入更多劳动力的政策（如减少雇主应负担的工资税份额）。高就业率对于经济发展具有稳定性，因为能更多地推动消费增长而非投资增长。

市场势力

逆周期政府预算赤字能确保企业实现利润，从而兑付债务。明斯基认为在整体宏观层面没有其他政策能替代大政府预算以稳定经济。但是，应该允许个别企业或银行破产，否则就没有市场纪律了。

在明斯基的观点中，获得市场支配力量的基本动力是能为负债获得足够的定价权。在小政府资本主义制度中（我们曾经在第二次世界大战之前经历过这种资本主义阶段），共谋和政府政策是在需求不足时维持价格稳定的手段。然而，在大政府资本主义制度中，政府赤字能维持企业盈利，“因此政策不需要鼓励市场支配从而维持企业利润”。*

实质上，明斯基担心垄断经济的不利因素，因为这可能会导致企业“大而不能倒”。因此，他支持那些减少“大公司”的政策主张；特别是，他相信那些有利于中型银行发展的政策也同样会使中型企业受益，因为银行规模在很大程度上决定所服务的客户规模——大银行服务大客户，而中型银行服务中型规模的客户。“拥

* 明斯基，稳定不稳定的经济，1986，p. 318

有众多小型和独立银行的分散化银行体系[18]有利于形成以中小企业为主的产业结构。”*

要形成该体系，相关的激励政策包括减少业务分类，如商业银行和投资银行（以便中小型银行能为中小型客户提供较丰富的服务），统一并提高资本资产比率（这有利于小银行，因为它们通常相关比率较高），并放开行业准入。

明斯基认为产业政策不仅有利于支持小型公司发展，而且也有助于使用资本密集型生产技术。小公司倾向于更多使用劳动密集型技术，因为它们融资购买长期、昂贵的资本性资产的能力较弱。

他还鼓励对特定市场实施监管和政府干预。尽管他赞同“竞争性市场是提高效率的机制”这一正统说法，但是他也表示“如果不考虑市场势力或外部性的存在，市场是产品和过程的恰当监管者。只有当两者都存在时——可能由于政府也可能由于市场进程——才有必要实施监管以约束其影响力”**。因此，“产业政策应该有助于推动形成竞争型产业格局，有利于融资、援助，并有利于培养有技能的、多产的劳动者，这才是相当可取的”***。需要提及的是，他把这一见解归功于芝加哥大学老师亨利·西蒙斯的影响。

明斯基还将产业政策看作对反托拉斯指控的另一种可行政策选择，他认为这种指控是无效的，因为人们无法创造出只允许小型公司繁荣发展的市场环境。

---

* 明斯基，稳定不稳定的经济，1986，p. 319

** 明斯基，稳定不稳定的经济，1986，p. 329

*** 明斯基，稳定不稳定的经济，1986，p. 329

第 2 章

宏观经济与未选择的道路

正如经济理论中从来不曾真正有过凯恩斯革命一样，从来也不曾真正有过凯恩斯政策……从凯恩斯政策制定和推崇者那里，能吸取借鉴的无非是对深度萧条时期的经济分析，以及赤字融资的政策工具。

——明斯基，1986，p.291 [1]

我们首先回顾主流经济学理论，以帮助我们理解为什么主流经济学无法预测危机的到来。随后，我们会讨论主流经济学是如何借鉴凯恩斯经济观点的，他的观点是一种思想革命。在某些重要领域，凯恩斯革命失败了，然而，这深刻影响了明斯基。为此，用凯恩斯经济学理论解读主流学派的错误非常具有分析价值。

全球经济危机前的主流经济学理论

在我们深入探讨明斯基的方法之前，有必要快速回顾一下他所批判的主流经济学理论。我们早前介绍过，明斯基离开芝加哥大学前往哈佛大学完成研究生阶段的学习。芝加哥大学当时是制度经济学的发源地（随后才变成米尔顿·弗里德曼货币主义学派的堡垒），而哈佛大学是凯恩斯经济学的重要中心之一。

在哈佛大学，明斯基被指派担任阿尔文·汉森的助教。汉森可以被称作"美国的凯恩斯"，因为他对于改进推广主要的凯恩斯模型[2]发挥了重要作用，著名的IS-LM模型*[3]逐步出现于所有宏观经济学教科书中。明斯基发现汉森分析凯恩斯的方法"太过机械化"，而他也指责"凯恩斯主义者""缺乏勇气"，因为他们并不认可收入再分配（从富人到穷人）是提高总需求（因为与富人相比，穷人开支更多、储蓄更少，再分配应该能提高消费需求）的一种方法。因此，尽管凯恩斯本身的理论对于明斯基建立自己的方法非常重要，但是他拒绝认可"凯恩斯主义者"所推广的那些理论。

与明斯基一样，很多其他学者也质疑究竟"凯恩斯主义者"的理论和政策在多大程度上遵循了凯恩斯的基本理论。[4]很快，在第二次世界大战后，宏观经济学家提出将"凯恩斯主义者"的IS-LM模型，与基于个人理性效用和利润最大化的前凯恩斯主义微观经

* IS-LM模型通常被称为希克斯–汉森模型（Hicks–Hansen Model），在主流经济学课程中常被误认为凯恩斯模型。

济理论（即新古典主义学派对于公司和消费者行为的分析方法）相结合。[5] 保罗·萨缪尔森称之为“新古典综合主义”，这成为目前宏观经济学课程的基础。[6]

宏观理论在 20 世纪 60 年代持续发展，詹姆士·托宾提出了资产组合理论，唐·帕廷金提出实际余额效应，该理论使劳动力市场成为主导，还有菲利普斯曲线（反映失业率与通胀率之间的交替关系）也进一步补充了希克斯的 IS-LM 模型。[7] 同样，基于综合观点的“凯恩斯主义”政策也在战后逐步发展，最终成为肯尼迪政府的主要管理理念。

自 20 世纪 50 年代开始，米尔顿·弗里德曼将货币主义理论发展成与凯恩斯主义对立的“自由主义”理论，凯恩斯主义主要依赖政府干预。[8] 20 多年来，“凯恩斯主义者”与“货币主义者”的方法是经济学争论的两大焦点。凯恩斯主义者推崇财政政策的相机微调，而货币主义者更提倡规则性的货币政策。

然而，货币主义观点很快被新古典综合主义吸纳整合，因此凯恩斯主义者与货币主义者的“大争论”演化转变成针对参数（投资的利率弹性和货币需求的收入弹性）和政策主张（相机利率目标或货币增长原则）的争论。

在上述两大理论方法中，货币和金融机构均只发挥了简单作用，而货币从长期看是“中性的”，实际变量只决定价格水平。在短期内，货币可能是非中性的（影响决策），因为工人和公司可能将名义价格上涨错误理解为实际或相对价格上涨。

例如，如果你的每小时工资上涨了 10%，但是购买的所有商品价格也提高了10%，那么“实际”或者相对价格并没有改变，而你也不应该改变行为。假若你忽略了价格通胀而受“愚弄”，你可能会因为上涨的名义工资而愿意工作更长时间。令人惊奇的是，人们受“愚弄”的程度成为20世纪60年代后主流经济学观点分化的最大争议。

争论的焦点在于货币供给的增加能否简单推动价格上涨（不改变行为）或者能否推动实际支出和收入增长。相对应的，如果中央银行减少货币供给，这会降低价格，那么工人能否接受名义工资减少？或者会因为错将减少的名义工资（物价也降低）看作实际工资下降而要求减少工作时间呢？

对于政策是否会“愚弄”大众这一问题，货币主义者认为很难欺骗工人和公司，而凯恩斯主义者则认为这很简单。

主流凯恩斯理论将凯恩斯观点简化成黏性工资和价格，即工人固执地拒绝工资降低是造成失业的主要原因。凯恩斯主义者认为解决失业问题应该刺激总需求（加大政府支出并配合减税，或者通过增加货币供给，尽管“凯恩斯主义者”认为这种方法不太有效），但这会导致通货膨胀，而使工人误认为他们的实际工资已经提高从而延长工作时间。同时，雇主也误认为不断上涨的价格表明需求增加从而会雇用更多的工人。

因此，折中方案就是更多就业但价格也更高。政策制定者不得不在失业与通胀之间做出选择。

“货币主义者”反驳认为，这种方法只能暂时奏效。克林顿总统曾说：“你可以暂时愚弄所有人，并一直愚弄部分人，但是你无法一直愚弄所有人。”因此，如果一项政策试图通过通货膨胀来降低失业，那么只会最终导致通货膨胀。“货币主义者”为此提倡限制财政政策，并对货币增长制定规则以确保通货膨胀处于低水平。

20 世纪 70 年代后期的滞胀为“凯恩斯主义者”和提倡米尔顿·弗里德曼规则的“货币主义者”之间的大争论画上了句号。这是因为“凯恩斯主义者”对于高通货膨胀和高失业率同时出现的问题没有解决方案，相关政策应该刺激需求来减少失业，但是也应该减少需求来抑制通货膨胀。他们对于滞胀束手无策。政策制定者选择了“货币主义者”的建议，即根据一定的规则控制货币供给增速。

但是，“货币主义者”在 20 世纪 80 年代早期也遇到了挫败，当时美联储在主席保罗·沃尔克的领导下，试图实现货币增长目标（与弗里德曼的主张一致），但却多次失败。因此，不仅仅是凯恩斯主义者的理论和政策主张令人失望，货币主义理论也面临困境。

这使得基于前凯恩斯主义观点的更激进的理论获得发展，其中最著名的是新古典经济学派罗伯特·卢卡斯的理性预期说以及查尔斯·普罗索的实际商业周期理论等。

正如罗伯特·斯基德尔斯基（凯恩斯的传记作家）所质疑的，“在历史上很少会有强大的思想致力推动这种奇特的观点”。[9] 我们一起来看看他所说的“奇特的观点”是什么。

首先，新古典理论重建了最极端的新古典经济学，引入持久的市场出清（包括持久充分就业）和“理性预期理论”，保证经济主体不会总是犯错。这种重建导致即使按照弗里德曼的货币主义政策，也很难愚弄理性行为者，因为预期的形成具有前瞻性，而且是基于经济的修正模型。

这也意味着非随机性政策没有任何效果，因为行为者会立刻觉察到政策制定者的意图（如果政策不是随机的，也是可以预测的），并对自身行为做最优化的调整。货币只能暂时发挥作用，而行为者会收集必要信息来区分实际与名义价格。财政政策也并非一直有效。例如，赤字支出具有完全的挤占效应，因为纳税人知道他们会为政府债务买单，因此会立即增加储蓄，使得储蓄额等于赤字额（这也被称作李嘉图等价定理）。

然而，新古典理论对于商业周期的解释，依赖货币供应的随机变化所产生的短期非中性（导致将名义价格上涨错误理解为相对价格上涨）。

实际商业周期理论通过只用实际变量构建商业周期函数最终降低了货币效果。随机并大幅波动的生产力是最重要的。因此该理论认为，大萧条并不是需求不足（凯恩斯的观点）或者错误货币政策（弗里德曼的观点）的问题，而是源于生产力的负向冲击。工人生产力突然下降，因此他们的实际工资也降低。工人拿着较低的实际工资，决定留出更多休闲时间。因此，在大萧条时期非自愿失业并未增加，人们只是因为技术革新降低了人工生产力而休长假，因此也同意接受工资降低。实际工资水平较低使得人们更看重休闲而非工作。

这种观点中，所有行为总是最优的，所有市场总是出清的，因此所有观察到的商业周期根本不是周期；相反，经济遵循“有漂移的随机游走”。（经济会按照稳定速度增长直至受到冲击，会根据生产力增速等“实际”因素立刻形成新的增速。）政府对我们所说的经济衰退或萧条不应该采取任何措施，因为这实际上是对随机冲击的最优反应。

由此，你不难理解为何斯基德尔斯基会称这些理论是“奇特的”——大萧条中的失业是“最优”选择，因为工人宁愿接受救济而非接受较低的实际工资。实际上，建立上述理论的学者还因此获得了诺贝尔奖。

金融理论的发展反映出主流经济学理论的发展变化，从某种角度讲只有新古典理论主张货币中性，而金融业是不相关的。[10] 只要市场有效，所有形式的金融均应该是等价的，无论你是使用自有资金，还是买股票或贷款，均没有差异。金融机构是储蓄者与投资者之间的中介，将储蓄有效分配给更好的项目。金融实践的改革能不断降低储蓄者所拿到与投资者所支付的利率之间的“差异”，鼓励更多的储蓄和投资。

放松国内金融市场的管制（美国自 20 世纪 60 年代以来不断付诸实践）以及国际金融市场的全球化对于提高效率并进而推动经济增长发挥着重要作用。此外，市场约束金融机构，因此金融机构的自我管理是足够的，因为它们有动力确保各类操作是安全的。这个理论是 20 世纪 90 年代末要求“放开”金融管制的最主要理由。

近年来，又出现了一个“新”新古典综合主义理论（常称为“新货币共识”），接受了很多“奇特的观点”但是仍坚持“凯恩斯主义”的黏性工资和价格。斯基德尔斯基再次对这个观念予以精彩形象的批判，“他们已经吞掉了理性预期这个庞然大物，但依旧尽力吸收持久充分就业这种小概念，并建立了市场失败理论，以便政府发挥作用”。[11] 黏性工资和其他的市场不完善减慢了向充分就业的靠近，提供了政策空间。

与早期战后“凯恩斯主义政策”提倡使用财政政策来微调经济不同，该理论强调了货币政策的重要性。然而这次，主流经济学家已经放弃弗里德曼所主张的让中央银行来控制货币供应，而是主张让中央银行控制利率。

但是目的是一致的。按照著名的泰勒法则，中央银行会根据实际通货膨胀率对目标的偏离以及产出缺口（潜在产出与实际产出的差异）来调整利率。例如，如果通货膨胀高于目标，而且实际产出超过潜在产出，则中央银行提高利率为经济降温。这是对菲利普斯曲线的稍事改进。菲利普斯曲线中，如果失业率太低，那么通货膨胀率就会高，这一理论对通货膨胀的关注超过失业。

一些人提出进一步的设想，建议设定具体的通货膨胀率目标（政策制定者完全忽视失业因素），而全球的部分中央银行也明确采取了通货膨胀目标制。不管怎样，其中的信念是，所有政府实际上的主要任务就是保持低通货膨胀，这会推动经济强劲增长，接近充分就业。而且，还有一种信念是，货币政策是非常有效的——中央银行能保持通胀水平处于目标区间（即每年 1%～2%），而这种政策能实现经济微调，因为市场会快速调整重新实现充分就业均衡。在 20 世纪 90 年代末至 21 世纪初期，出现了新的争论，通货膨胀目标制的支持者（如伯南克）认为价格稳定不仅能推动经济强劲增长而且有利于金融稳定。中央银行能一石三鸟（用利率目标实现价格稳定、产出稳定和金融稳定）。这非常难得！

主流经济学家认为在 2007 年前通货膨胀目标制一直运行的很有效。全球的中央银行为保持低通货膨胀水平感到很自豪。美联储前主席艾伦·格林斯潘被公认为是“大师”，被称赞为不仅仅是最杰出的中央银行家，而且是全球最有影响力的政策制定者。

他退休后，美联储主席的职位由本·伯南克担任，伯南克是“大缓和”理念的倡导者，并推动美联储在“大缓和”时代发挥了极其重要的作用。[12] 通过保持低水平的通货膨胀，全球中央银行家共同成功促进了经济稳定（大缓和）。经济中的每个人都清楚中央银行家坚定维护稳定，而且所有人都期待稳定，因此我们将会实现经济稳定。

现在我们清楚要管理预期。市场参与者知道中央银行会保持低通货膨胀，如果有任何经济问题，中央银行会快速采取举措恢复稳定。因此，这本身就对市场提供了巨大信心，即著名的“格林斯潘对策”以及随后的“伯南克对策”，美联储主席会尽力避免灾难发生。房地产价格上涨，商品价格泡沫，股票市场价格飙升，华尔街的金融机构获得巨额利润。

这种理论和相关政策一直有效，直至 2007 年春天出现问题，或者更准确地说，是明显失败，因为世界经济出现了 20 世纪 30

年代以来的最严重危机（只有几个国家免于危机，特别是中国，中国尚未完全放开金融市场）。几大主要中央银行对本国市场采取措施以重建市场信心。但是，降低利率，甚至零利率都明显没有效果。危机日益严重，导致失业率不断提高，销售低迷，房地产市场出现大萧条以来的最大崩盘，而且一个又一个金融机构出现问题。“大师”和“大缓和”就此画上句号。全球金融危机暴露出常规经济学的弊端。

要知道，我们曾经历过同样的阶段。大萧条时代推翻了主流的经济学理论——当时主要依赖自由放任政策。凯恩斯提出了思想革命。遗憾的是，革命失败了，或者至少说，被类似保罗·萨缪尔森的“折中者”改变了。他们吸收借鉴了少部分的凯恩斯变革理论，并将其转变成旧的新古典主义方法。

在明斯基看来，战后宏观经济学理论中缺失了凯恩斯《就业利息和货币通论》中的很多重要观点。例如，战后凯恩斯主义的综合观点从未包括真实不确定性或者“未知性”，因此与凯恩斯对于预期的处理完全偏离。主流理论中忽视不确定性对于它自身的理论信念非常重要，因为它相信经济自身能重新恢复到充分就业时的均衡状态。

明斯基强调应复原凯恩斯理论并对此改进修正，以便符合我们生存的时代特点。究竟什么是重要的？货币和金融机构发挥着重要作用，此外应重视不稳定，而且政府应该发挥积极作用。

凯恩斯的理论革命

凯恩斯 1936 年《就业利息和货币通论》的中心观点可以简单表述如下：企业家生产他们期望销售的产品，但不能认定这些生产决策的总数量与短期或长期充分就业水平下的产出水平是一致的。

而且，该观点也同样适用于完全竞争与弹性工资制、充分实现预期以及稳定的经济环境中。换言之,凯恩斯并不依赖黏性工资、垄断支配、失望预期或者经济不稳定（例如，由外部冲击或随机政策所导致）来解释失业。尽管上述情况会使问题更加严重，他希望解释各种情况下的失业均衡，甚至这种情况可能接近新古典经济学模型。

凯恩斯的研究最初特别关注企业决策——每个公司生产它们希望销售的产品——这并非基于消费者效用最大化原则。企业决策是基于对当前生产成本与未来预期收入的比较。一项生产决策同时也是雇用工人和工人收入的决策。这可能使公司倾向于在一定时间内向工人支付固定的工资（因为公司至少会为部分生产成本进行融资）。

除非预期收入在一定程度上超过当前和未来成本，否则公司不进行生产。成本和收入均以货币形式发生。如果对估计成本和预期收入的比较不乐观，则不会进行生产，而不产生收入。只有当预期有效需求不充足时才会导致失业。

此外，工资率的下行弹性并不能刺激更多就业，因为收入效应（低消费导致收入下降）会抵消替代效应（劳动力成本下降刺激雇用更多工人）。低收入会对利润产生负效应，公司对劳动力的需求也是如此。凯恩斯这个重要的论断在过去40年对于劳动力市场是否具有弹性的争论中被遗忘了。

同样，另一个需要注意的是，因为生产的开始与终结均是货币形式，凯恩斯拒绝认同货币中性。从某种重要意义上看，生产的目的是货币（凯恩斯称之为生产的货币理论；马克思称之为“货币—商品—货币”：企业家投入货币，生产产品，并期望获得更多货币）。[13]

我们可以说，经济衰退和失业是“不消费”决策（即以货币的形式储蓄）所导致的结果。当发现销售额下降，公司则会解雇工人。这使问题更加复杂。对于凯恩斯而言，最重要的决策是企业家的投资决策，因为该决策本质上是对不可知未来的前瞻性预测。如果企业家担心未来前景，则投资会减少，这随之会导致更低的就业水平和商品销售。更多的工人失去工作，而我们也走向经济萧条。

这就是为什么明斯基称凯恩斯的增长与衰退理论是“周期投资理论”——对应于主流理论认为周期是因为不当政策、欺骗或技术冲击而导致的结果。重要的是，凯恩斯创造了“外生”的周期理论——这符合“旋风式”的乐观与悲观所带来的资本主义周期本质。因此，周期与投资决策相关，是基于对不确定未来的预期。

正是这种不确定性导致了对流动性资产的偏好，并对实现充分就业造成障碍。再次重申，公司只生产它们希望能销售获得利润的产品，它们没必要在不稳定的经济环境中开展生产，以免造成劳动力资源浪费。如果未来不确定，公司决定不投资，财富持有者决定寻求流动性资产——通常称为“贮藏货币”或者“寻求安全”——即寻求相对低风险的资产，如政府债券甚至是货币。

凯恩斯曾有如下名言：“新古典世界中没人会持有货币，因为持有无风险资产（低回报）没有价值。”该说法后来被弗兰克·哈恩证实，他遗憾地发现，严格传统的模型中货币没有存在的价值。[14] 这是因为这些模式忽视不确定性和破产。

查尔斯·古德哈特[15] 坚持称，在任何使用货币的经济分析中，违约可能性都是重点。由于现代的生产决策会使企业家在未来产生付款，因此他们有可能无法满足合同条款。然而，最严格传统的模型却明确排除违约，暗示所有的借款都是无风险的，因此忽视了金融机构对借款的监测需要。在这类模型中不仅货币没有价值，而且银行和其他金融中介也没有存在的必要。

金融不稳定也被排除了，因为不存在违约可能性要求人们具有完全的预见性或者完全竞争市场，以便各种情况均能实现套期保值。

因此，这类主流的宏观模型无法体现凯恩斯理论中所囊括的实际社会特点，包括动物精神和自信程度、市场心理以及流动性偏好。相较之下，凯恩斯的基本模型可以被简单拓展以解释不同评级结果，允许存在违约来影响预期，并包括一个大经济实体违约所带来的“传染”效应和其他影响。这类拓展的最好范例就是明斯基的研究成果。

总而言之，大部分经济学家“没有看到危机来临”，因为他们的经济学研究方法否认“危机”可能存在。为主流宏观经济学提供基础的新古典方法只有对于虚构世界才是适用的，他们所设想的经济重视基于易货贸易的市场交换。货币和金融是后来才加入模型的，并不重要。因为市场的无形之手会引导具有完全预见性的理性个体趋于所有资源都有效分配的均衡状态，政府的作用很小。

当前的危机已经显示出这种方法对于分析我们所处的经济环境是不适用的。相较之下，以《就业利息和货币通论》为起点的凯恩斯革命却提供了另外一种让我们了解所处世界的方法。凯恩斯的这种与众不同的方法使他开创了“一般性”但也是“具体性”的理论，因为其包含了导致危机发生的资本主义（企业的）经济的特点。

在此领域开展研究的经济学家确实看到了危机发生，他们提出了有助于经济重回正轨并实施改革的各类政策建议，以便经济更加稳定，而且经济运行符合大众利益。

我们在下文来分析凯恩斯所提出的政策革命。

关于凯恩斯的政策革命

凯恩斯长期以来反对自由放任政策，在 1926 年曾撰写了题为“自由放任政策的终结”（The End of Laissez-Faire）的小册子。[16] 他除了反对那些声称“无形之手”能引导利己主义个人行为符合公众利益的人，还认为这些个体未必清楚了解他们的利益。

他进一步指出，自由放任的观点从未真正被经济学家所接受。倒不如说这观点是空想家所接受的。当然，在 1926 年的小册子中，凯恩斯没有对自由放任的教条主义观点提出强有力的抨击。他在 10 年后才提出有效需求理论。直至 1936 年凯恩斯发表《就业利息和货币通论》，他才清楚阐述为何无形之手会失效，以及为何政府应该在经济中发挥积极作用。

凯恩斯对于战后经济政策的影响至少与其对理论的影响同样重要，但是对于被称为凯恩斯主义的政策究竟有多少植根于凯恩斯的《就业利息和货币通论》这点是存在质疑的。尽管如此，凯恩斯著作对于国内财政和货币政策，对于国际金融体系，以及对于发展政策的影响，特别是在拉丁美洲的影响，是不能被否认的。

如果我们认为《就业利息和货币通论》所传达的中心思想是，不能期望企业家的生产决策能实现充分就业时的均衡，则明显的应对政策是政府提高产量，使其超过市场力所决定的基础水平。遗憾的是，“凯恩斯主义”政策最终被过度简单解读成“刺激经济的政府投资”和“微调”，以确保总需求能恰好实现充分就业。现在，流行的说法是凯恩斯主义政策经过尝试但失败了。[17]

实践中，战后政策通常包含了推动储蓄与投资两种模式。第一种推动储蓄的政策完全不符合凯恩斯的观点，这是基于新古典放贷理论观点，即储蓄为投资提供融资；而第二种推动投资的政策是基于开支乘数观点，[18] 虽然这在某种程度上符合凯恩斯对均衡产出水平的解释，但其依赖过度简化的关于企业家预期的观点，而忽视了重要的稳定性问题。明斯基有大量充足理由驳斥上述政策。

投资提振效应

第一，没有理由让我们相信，投资的需求（乘数）效应能足够吸收投资的供给效应所带来的额外产能。从阿尔文·汉森的经济停滞论文（现代资本主义易于因投资机会匮乏而导致经济停滞），[19] 到哈罗德·瓦特与约翰·沃克等开展大量相关研究表明，要维持足够的经济增速需要政府部门相较私人部门不断加大投资，以便确保总需求能充分吸收新的产能。

不均衡的问题

第二，试图刺激私人投资以维持充分就业会造成收入分配向资本所有者倾斜，这会导致更严重的不均衡并因此降低社会的消费倾向——这是凯恩斯在《就业利息和货币通论》第 24 章所讨论的问题。此外，高投资策略更有利于资本密集型产业，造成收入分配向高收入、有工会组织的工人倾斜。这些效应随后会详细分析。

部门平衡问题

第三，明斯基在早期研究中所隐含使用，并被利维经济研究所的同事韦恩·戈德利推动发展的部门平衡方法通过支出增长来分析财务平衡。[20] 后面我们会看到，戈德利基于宏观经济分类建立了这一方法，而经济分类要求国内私人部门、国内政府部门以及国外部门的收支余额总数必须等于零。尽管任何一个部门都可能面临赤字或盈余，但必须至少有一个部门是盈余。

一般而言，国内私人部门（公司和家庭）应该为盈余（支出少于收入）以便积累储蓄和财富。但这意味着要么一国政府必须为预算赤字，要么必须为经常账户盈余（如出口大于进口）。

明斯基认为，私人部门赤字支出的扩张（公司借款为投资超过内部收入流的部分进行融资）意味着私人债务增长可能快于收入。实际上，这也是美国（以及其他一些国家）1996 年之后 10 年间的现实写照，助长了导致全球金融危机的私人部门过度负债。这是明斯基驳斥"凯恩斯主义"主流观点的另一个原因，"凯恩斯主义"主流观点认为政府应该鼓励投资从而刺激经济增长。

金融不稳定

第四，明斯基的金融不稳定假说得到相关关注。在投资带来经济繁荣的过程中，私人公司获取流动性（借款更多以便能通过举债获得收入流，而安全资产对负债的比率下降），带来日益脆弱的金融头寸。

综合金融不稳定假说和戈德利的部门均衡方法，很显然政府预算在经济降温方面发挥着重要作用：收入的快速增长会使政府预算趋于平衡甚至达到盈余。最常被忽视的政府部门盈余的另一个效应是私人部门赤字（在国外部门保持不变的情况下），因此政府预算的“改善”意味着从经济部门分类看，非政府部门的收支均衡变得更加不稳定。

从温和走向崩溃

因此，明斯基和戈德利的信奉者因克林顿时期的预算盈余而得意，并推测说全部联邦政府债务会在后 15 年内兑付。明斯基的信奉者认为财政盈余会终止经济繁荣并变成财政赤字，这一点并不奇怪，因为在经济暴跌时预算盈余会自动变成赤字，以便维持利润流并强化私人部门资产负债表，私人部门会以安全的政府性债券的形式积累净财富。

因此，明斯基所提倡的凯恩斯观点，即私人部门是经济增长的可靠动力是受质疑的。政府诱导性投资政策也被质疑。相反，政策制定必须是目标明确的、具体的，需要有健全的监管政策来约束私有公司，需要有目标明确的政府投资。对金融部门的监管放开已被证实是巨大的错误。金融机构只剩下自我监督，华尔街的机构创造了复杂和极高风险的金融工具，这些工具允许家庭和非金融公司（还有国家和地方政府）举债生存或经营。我们后面会看到，依赖这种方式会加剧脆弱性，导致全球金融危机。

华尔街也促使收入分配向金融部门以及前 1% 的收入获得者和财富拥有者倾斜。一国公司和家庭背负着难以承受的债务。但是，增长需要更多的借款。这种情况是不可持续的，而且正如明斯基经常强调的，不可持续的都不是持久的。

经济崩溃的政策经验

明斯基一直认为，我们应该大力发展那些能创造就业和提高生活标准的政策。如果明斯基并不相信经济能“微调”，那应该怎么做？政策应该针对那些已经被忽视了 30 多年的领域以及新出现的问题。美国公共基础设施是非常欠缺的，从倒塌的桥梁、堤坝，到拥挤的城市高速公路和机场、老旧的电网，以及高速铁路网等均存在各种各样的问题。

与凯恩斯一样，明斯基提倡目标明确的政府支出而非刺激性政府投资（之前已讨论）。如果政策想减少失业，最好的方法是创造就业、雇用工人。改善基础设施的最好方法是引导这些工人从事这类项目，从而达成上述目标。

全球变暖提出了亟须应对的新问题，我们需要转变生产更清洁的能源、扩展公共交通、改进建筑以节能，以及实施再造林。在所有这些领域，政府必须加大支出、直接实施项目或者对私人开支进行补贴。因为这类支出会使美国更有生产力，这类支出比普通的刺激性支出更有效，而且不存在之前我们讨论过的种种缺陷。

尽管如此，即使上述所有的项目都得以开展，但数以百万计的工人可能依旧无法找到工作。首先，没有理由相信对劳动力的额外需求足以创造足够的就业岗位；其次，可能会出现技能不匹配、歧视问题（种族歧视、性别歧视、残疾人歧视、低学历歧视或者对有犯罪记录的人歧视）以及区域错配（应该在失业者居住地创造就业岗位）等问题。凯恩斯再次重申了一个观点，随着经济改善，需求分配的恰当性与总需求的提高相比是更重要的问题。[21] 为此，明斯基呼吁“最后雇主计划”。[22] 我们在后面章节会详细介绍他的相关建议。

所有这些举措需要更多的政府支出（但是也可能因减少对不创造就业、不提高美国生产力和生活水平等领域的开支而抵消很多额外开支）。不过，正统观念担心预算赤字（很多人认为这只会“挤出”私人支出），将政府预算与家庭预算混为一谈。

一个主权政府的预算并不类似家庭或公司预算。政府发行货币，但家庭和公司是货币的使用者。正如货币主义者，或者现代货币方法所解释的，现代政府实际上通过贷记银行账户来进行支付。[23] 这实际上如同按键，在计算机按下一键就能记入某人的资产负债表。政府从来不会缺钱。

明斯基是这样解释的：

> 为了使法定货币被普遍接受并具有价值，必须有一系列货币能发挥功能的支付单元。税收就属于这种支付单元，因此如果没有政府税收和支出，那么实际上就不需要创造法定货币。对应地，货币作为部分准备金银行制度的一种负债，需要在市场有价值，因为有银行借款者这种单元的存在，信用货币才能被接受用于偿付。货币的接受度和价值取决于这种货币的支付性。因此，缺乏政府税收和支出的法定货币，以及缺乏负债者偿付约束的信用货币均是没有意义的概念。[24]

一种“法定”货币（必须能记入资产负债表）是有价值的，

因为税收必须以这种货币支付。人们接受它是因为他们需要纳税。“键入性”法定货币的发行方不可能耗尽这种货币，而且要通过接受其支付性保证其有需求。

值得注意的是，甚至是美联储的主席本·伯南克曾向国会证实，美联储通过简单键入来实现支出，因此在必要时能购买大量资产以救助华尔街的银行。此外，我们发现财政部也是这种支出方式，华盛顿的政策制定者不用担忧每个人所认为必须担心的各类计划的“可负担性”，这类计划包括公共基础设施投资、“绿色”投资以减轻全球变暖，还有创造就业计划。

要肯定的是，这不是鼓励“毫无限制”的政府支出。过度支出会引发通货膨胀并可能导致货币贬值。政府支出必须目标明确而且不能过于庞大。多少是庞大？一旦生产力被充分使用，而且劳动力已经完全就业，则额外支出就会导致通货膨胀。

这也被称为“功能财政”，由明斯基的密友阿巴·勒纳提出。[25] 制定政策的目的是解决问题、提高生活标准，并实现民主进程中所界定的公共目标。不应该事先制定预算结果，譬如应该在一年或者一个周期内实现政府预算平衡。

也就是说，目的是通过政府“钱包”来实现公共目标——对政府总支出或赤字不做任何强制规定。

这并不代表着政府对各类计划的支出不需要受预算约束——国会需要审批单个计划的预算，而且计划负责人对实现预算负有义务。编制预算的目的并不是为了确保联邦政府的整体预算平衡，而更多是为了减少浪费、贪污和腐败。

编制预算是对计划实施监控的一种途径，以确保计划服务于公众利益。不同于家庭或公司，主权政府在某一计划中支出较大，也总是“能够负担”，但这并不代表政府应该浪费。

如果危机来临，人们从本能上会重新重视凯恩斯的观点，因为多届政府（包括布什的第二任期和奥巴马）均采取了财政刺激政策。然而,大政府赤字（奥巴马总统的政府赤字达到 1 万亿美元，尽管部分原因是支出的酌量增加以及减税政策，但主要是因为深度衰退减少了税收收入）会引发对于政府偿付能力不足的担心。

2015 年初，经济复苏并没有明显信号，而实际上美国的很多家庭依旧面临失业问题，或者工资停滞不前，但债务负担却与 2007 年最高点时一样沉重！欧元区整体上也没有增长，而一些国家依然处于严重危机中。甚至连中国和其他发展中国家也出现了经济减速。下一次经济减速有可能发生，并且看来可能性非常大。

现在是解读明斯基周期理论的时候了。他认同凯恩斯的“周期投资理论”，并增加补充了“投资融资理论”。他的早期研究发现，投资决策中的金融因素导致了不稳定。正如我们所见的，这种解释使我们理解了主流观点所存在的问题，以及我们经济所面临的问题。

我们随后会研究明斯基对金融机构的分析方法以及他对政策改革所提出的建议。我们会发现他长期以来都提醒要关注过去 30 年内金融机构改革和金融实践所存在的问题，这最终使他提出了“货币经理资本主义”。明斯基提出的改革能减少我们在几十年内所面临的金融脆弱性，并减少环境的不确定性和不稳定性，之前美国有太多人不得不生存在这种环境中。

第3章

金融不稳定假说

金融结构决定了资本主义经济兼具适应性和不稳定性。

——明斯基，1986，p.175[1]

在此框架下，危机不是由任何单一制度造成的。借款人和贷款人的正常逐利行为逐渐衍化导致金融危机。金融机构行为从对冲到投机（展期）再到庞氏骗局（资本化利息）的转变是一个健全的金融结构转向脆弱的特征。在健全的金融结构中，大部分失败是由特质属性造成的；而在脆弱金融结构中，大部分失败归咎于系统整体状况。

——坎贝尔与明斯基，1987，p.25[2]

明斯基关心商业周期问题并不令人吃惊，因为他在成年时期经历了大萧条。大多数现代宏观经济学家将周期视作经济冲击或政策错误的产物，而明斯基认为周期是由经济体系的内在动力导致的。

换言之，主流经济学家相信市场力量具有自发稳定属性。他们的意见分歧在于市场需要多长时间才能够重归均衡，一致观点是：如果等待时间充分，自由市场终将从外部冲击引发的经济衰退中回归充分就业。

明斯基认为主流经济学家观点有误，市场自身是不稳定的，必须通过控制来达到稳定。即便如此，周期问题依然没有永久解决之道，因为“稳定状态自身就不稳定”，市场会突破限制，引发下一轮衰退。

明斯基认为经济稳定的最大威胁是繁荣，因为繁荣会滋生高风险行为，最终引发危机。引发危机的最大危险不是经济由温和转向滞胀，而是由温和转向爆炸。

早期贡献：经济周期理论

从 20 世纪 50 年代到 60 年代中期，明斯基在他发表的作品中逐步建立了周期分析理论，周期似乎是长期困扰经济发展的问题。他认为制度尤其是金融制度至关重要。这是对以 IS-LM 模型为代表的主流凯恩斯主义经济学的反驳。[3] IS-LM 是侧重数学模型、避开真实经济世界制度因素的纯理论分析。

尽管明斯基曾在哈佛大学师从阿尔文·汉森，但他却更偏爱芝加哥大学亨利·西蒙斯的制度分析。过于简化的哈佛宏观经济学分析方法掩盖了 LM 曲线背后的金融；再加上，由于 IS-LM 模型只侧重关心唯一的均衡点，因此，它对现实经济世界的动态发展变化并无分析。

基于上述原因，明斯基对乘数 – 加速数模型更感兴趣，该模型为爆炸式经济增长留下了可能性空间。承认不稳定的存在，同时给予不稳定性极大弹性。在不同前提假设下，GDP 可以无限增长，也可以趋近于零。

明斯基知道现实经济世界是不稳定的，但同时也会受到制度因素制约。他将这些制度限制称作熔断机制。举例来说，在华尔街，如果股价在一天内下跌太多，股票交易会被叫停。另一个例子是当银行发生挤兑时，中央银行将会出借准备金，存款人得知有央行背书后会停止挤兑行为。前者是存在于私人部门的熔断机制，后者则是在市场“不理性”时通过政府干预保护银行。

意识到市场动力内在的制度制约，明斯基在 20 世纪 50 年代的著作中向乘数 – 加速数模型中增加了“制度上限和下限”因素，以此制约经济急剧增长和出现危机的极端状况出现。

20 世纪 90 年代，明斯基在巴德学院利维经济研究所发表的最后一些论文中，最终又使用了这些模型。他在 50 年代著作中得到的结论，后来又多次在他论证罗斯福新政以及战后制度安排制约现代资本主义内生不稳定性时发挥出重要作用。明斯基注意到战后到 20 世纪 60 年代中期可能是美国历史上最稳定的一段时期，没有出现重大金融危机。他将此归功于罗斯福新政以及战后早期的一些制度安排。

其中，很多制度对金融系统形成制约。在美国，包括限制存款的利息支出的条例 Q 利率上限规定，保护存款的联邦存款保险公司（FDIC），将商业银行与风险更大的投资银行区分开来的《格拉斯–斯蒂格尔法案》。此外，明斯基将社会保障体系的建立和后期实施的对抚养儿童的家庭补助视作重要的收入稳定器。他还指出工会（有部分政府支持来保护工人权益）的抗衡力量与最低工资法案能避免工资螺旋式下降，而工资的不断下降可能导致再一次大萧条。

最后，明斯基认为最重要的两大进步是不断加强大银行和大政府对经济稳定的作用。这些战后制度安排共同抑制了经济内在不稳定，尤其预防了下行风险。

明斯基在早期论述中还研究了金融创新，认为金融机构正常的逐利行为总是会持续不断地破坏监管当局控制货币供给增长的努力。这也是他反对 LM 模型中关于货币供给固定假设（假定货币供应由中央银行控制）的一个主要原因。事实上，中央银行限制货币供给会诱发金融创新，从而使政策不能遵从某一增长率规则，如米尔顿·弗里德曼宣传了几十年的增长率规则。[4] 这些金融创新也会促进流动性扩张，使金融系统在应对外部冲击时变得更为脆弱。如果中央银行以最后贷款人的方式进行市场干预，就是在确认这些创新有效，继而使这些新业务能够坚持下去。

基于以上原因，明斯基从未接受米尔顿·弗里德曼关于货币政策应遵从统一规则的声张，例如说中央银行应该使货币供给保持固定增速。明斯基对此看法如下："美联储制定政策的唯一准则是没有唯一准则。”[5] 规则不可避免会改变行为，因而使规则变得不再适用。而政策必须不断适应变化。

明斯基在其 1957 年的首部重要论著[6] 中研究了联邦基金市场的创立，揭示了该市场如何使银行体系节约准备金，从而使货币供应内生化，也就是说这类创新能够帮助银行规避中央银行控制信贷和货币创造的尝试。明斯基假设这类创新将逐渐增加系统脆弱性。然而，一旦金融危机发生，他认为中央银行将会担任最后贷款人来解决危机。

对金融系统的第一次严峻考验来自 1966 年的市政债券市场，第二次是 1970 年的商业票据挤兑。随后考验接踵而至，但每一次都被中央银行的果断行动化解了。因此，虽然战后早期金融体系呈现出“有条件的协调”——几乎没有私人债务，只有大量延续下来的联邦政府债券（来自第二次世界大战造成的赤字），但以追逐利润为目的的金融创新将逐渐使制度性约束松绑。金融危机将变得更为频繁、严重，考验着金融当局阻止金融危机再次爆发的能力。表面的稳定状态会促生不稳定。

换言之，这些有助于经济稳定的战后制度安排最终将引发更大的冒险行为。为私人部门“兜底”远比设置“天花板”控制过度投机来得容易。通过控制下行风险，政府其实在鼓励风险承担行为，这样的风险承担行为获利概率更大。金融机构将持续创新规避政府设置的每个“天花板”。

基于此，明斯基认为针对私人部门创新，经常改变监管措施至关重要。遗憾的是，战后政策措施正好相反：当机构寻找到规避制度规定的方法时，当局往往放松监管，接纳创新。

我们看到，这带来了灾难性后果。

投资的金融理论

在 1957 年的著作中[7]，明斯基对凯恩斯理论提出另一种分析方法，对“投资融资理论和投资周期理论”做出详尽阐释。该理论有两个关键的组成部分，分别是“两价制”和“贷款人及借款人风险”。这两个概念均借鉴自凯恩斯，略微复杂并且需要理解，因为这是金融不稳定理论的根基。

明斯基区分了当前产出（生产并被计入 GDP 的商品和服务）价格体系与资产价格体系（包括金融资产，如股票、债券，以及实物资产，如厂房及设备的价格体系）。当前产出的价格可以被认为是由“成本加成”决定的，在该价格水平下可以获得利润。换言之，企业制定价格会在覆盖生产成本的基础上，增加间接费用、税收、利息以及利润等成分。这个价格体系涵盖了消费品、服务、投资品以及政府购买的商品和服务。

就投资品而言，当前产出价格是资本的有效供给价格，此价格足以诱使供应商提供新的资本资产（厂房和设备）。但这种简化分析仅适用于能够依靠自有资金购置资产的情况，例如销售收入。如果企业需要借助外部资金（贷款），那么资产的价格还包括明确的融资成本。最重要的当属利息，但也包括其他各种费用和支出。也就是说，由于存在“贷款人风险”，供给价格上升了。[8]

对于需要持有一段时间的资产而言（同样包括金融及实物资产），还有第二套价格体系。除了流动性最强的货币资产外，这些资产将会产生一系列收入流以及可能的资产增值。在这里，明斯基继承了凯恩斯《就业利息和货币通论》第 17 章（在明斯基看来这是该书最重要的一章）的处理办法。这里的重点在于，我们不能确切知道未来的收入流是多少，因为只能依赖于主观预期。

这些预期也是不确定的，取决于乐观或悲观预期的程度。有人偏好高度流动性的，可以在价值不受损失前提下快速卖出的资产；如果预期回报较高，有人则乐意持有流动性较低的风险资产。资本资产尤其具有高风险、低流动性——工厂一时难以出售，机器一般被设计用来生产特定商品。在一些情况下，资本资产价值不过是残余价值。

我们利用该资产价格体系中获得资本资产的需求价格：当资产未来净收入的预期给定时，人们愿意花多少钱买这些资产？未来收入越低、越不确定，人们愿意花的钱越少。我们将此称作需求价格。这种计算方法也过于简单化，因为它忽略了融资安排。明斯基认为，人们愿意支付的价格取决于需要从外部融资资金的数量，更多的借款会使买方面临更高的破产风险。这就是“借款人风险”必须被纳入需求价格的原因。在其他条件一致的情况下，卖方越依赖于外部借款，买方越不乐意为资本资产支付价格。

我们可以在分析中加入“借款人风险”和“贷款人风险”，作为对未来成功可能性的不确定性。这种调整增加了安全边际以防未来不及预期。然而，正如明斯基所说，成功滋生信心，所以在经济良好时期，安全边际出现缩减。

只有在资本资产的需求价格超过供给价格时，投资才可能发生。要记住需求价格是根据资产价格体系得来的，而供给价格是由当前产出价格体系得来的。因此，需求价格和供给价格是相互独立的——这两种价格在某种程度上分开决定。这些价格包含了安全边际，因此会受到未知产出预期的影响，该预期决定了安全边际的大小。

乐观预期和不确定性的降低会提高资本资产的需求价格。同时，乐观预期会同时减小贷款人风险和借款人风险，进一步抬高需求价格而降低供给价格。高需求价格与低供给价格将会鼓励对资本资产的投资。

悲观预期和不确定性的增加会发生反作用。较低的预期收入与较高的借款人风险意味着较低的需求价格，而较高的贷款人风险意味着更高的供应价格，因此新投资几乎不会发生。

明斯基理论中，借款人和贷款人行为都会考虑安全边际。举例来说，如果一家企业每月需要支付 1 000 美元来融资购买一台新机器，它会希望这台机器每月能生产 1 500 美元的收入。多出的 500 美元就是安全边际。如果成本高于或者收入低于预期，安全边际将帮助缓冲。

从严重的经济下调逐步复苏，安全边际非常大，因为预期十分微弱；随着时间推移，如果悲观预期加大，则边界应大于必要值。因此，边界会随着时间逐渐降低，直至预期基本实现。

明斯基区分了三种著名的融资结构来解释安全边际。最安全的一种是对冲融资，未来的收入流能够偿付利息和本金；略微高风险的叫作投机融资，近期的收入流仅能偿付利息而无法偿付本金，但预期收入增长终将足以偿付本金；最后一类是庞氏融资，庞氏融资是近期进款不足以偿付利息，因此债务会随着利息变为本金而增加。从本质上讲，庞氏就是借款来偿还利息。除非利息降低或者收入增加，否则这将是不可持续的方式。[9]

在扩张进程中，公司甚至家庭的融资方式开始发生演化，开始大部分是对冲融资，后来投机融资比例逐渐增加，最后甚至包括庞氏融资。这种风险更高的金融结构，无论应对利息增加还是收入降低时均会更加脆弱。

增加卡莱斯基投资与利润关系

自明斯基早期著作开始，他就意识到，融资者希望提高杠杆比率进行更多投机融资的愿望将会遭受挫败。如果结果好于预期，采用投机融资的投资者会选择保持对冲状态，因为实际收入大于预期。这样，尽管明斯基没有将现在著名的卡莱斯基关系[10]，在简化模型中，投资决定总利润，因此资本资产的支出增加实际上会提高企业的收入流）纳入分析，但他已经意识到了投资高涨可以提高总需求和支出（通过凯恩斯支出乘数效应），产生比预计更高的销售。实际上，他认为，这使得动态机制变差：如果借款公司普遍实现了额外的利润预期，它们会疯狂增加赌注，导致失控的投机繁荣。

后来，明斯基明确纳入了卡莱斯基结果，即简化模型中的总利润等于投资加政府赤字。于是在投资高涨期，利润会随着投资而增长。这会证明预期是正确的，并鼓励更多的投资。这就印证了明斯基的论点，即资本主义经济本质上的不稳定会不断增强，直至出现狂热投机。此外，政府预算赤字在经济下行时将会增长，赤字增长有助于促进利润，降低经济下行风险。

此外，在20世纪60年代早期，明斯基还提出政府资产负债表的状况会影响私人部门的资产负债表。由政府支出引导的经济扩张可以使私人部门在资产负债表稳健的情况下实现扩张，因为政府赤字会在私人资产组合中加入安全性高的政府债券。但一次有力的扩张会使税收收入的增长快于私人部门收入的增长，因此政府预算会得到“改善”（走向盈余）；而私人部门的平衡表则会恶化（走向赤字）。因此，明斯基认为私人部门扩张，相较政府部门扩张，往往更不持续，因为私人部门赤字和债务比政府部门赤字和债务更加危险。

一旦明斯基把卡莱斯基方程加入自己的分析，他就能解释反周期的预算活动怎样自动稳定利润——既在繁荣中限制利润上升，又在衰退中限制利润下降。这种变化有力支持了他的有关大政府是稳定因素的论断。

把卡莱斯基有关利润的观点纳入他的投资周期理论，明斯基指出，只有预测到未来会有投资，今天的投资才可能发生，因为未来的投资将决定未来的利润（见简化模型）。而且，当前投资证明“昨天”的决策（这些投资决策是过去决定的）是正确的，所以，对“明天”的预期（决定今天的投资）会影响之前为现在资本资产融资的偿债履约能力。

因此，明斯基运用了复杂动态的关系以分析投资，而投资较易波动。明斯基是这样解释的：

> 由于资本主义经济的特殊循环往复——足够的投资能确保经济良好运行，只有在市场相信未来投资依旧能够确保经济良好运行时才会见效，因此银行和金融系统应运而生。银行和金融系统不仅需要为目前的投资融资提供有利的资产价格和条件，还要为未来的投资融资提供有利的资产价格和投资融资条件。银行和金融系统的正常运转是资本主义经济有效运转的基本条件，因此金融系统混乱会引起经济失灵。
>
> ——明斯基，1986，p.227[11]

一旦把资本主义经济与“两价制”方法联系起来，以下这点就更为一目了然，即任何未来盈利能力的预期降低都会把资本的需求价格压低到供给价格以下，造成投资和当前利润低于之前的预期水平，而对于之前的资本项目，该预期是需求价格的定价基础。

如果投资下降，原来的借款人和贷款人风险中包含的安全边际是不足的，因此人们不断修正所期望的安全边际。投资的减少以及安全边际的向上修正抑制了投资，随着总需求降低将会引发经济下行。

在整个20世纪60、70和80年代，结合在投资理论方面的拓展，明斯基一直在发展他的金融不稳定假说。他增加了卡莱斯基方程，借鉴了“两价制”，补充了一个更复杂的部门平衡处理法。

货币主义理论的缺陷

明斯基同样继续改进对银行的分析，意识到联邦储备银行试图控制货币供给是没有用的。他提出，当美联储被建立起来充当最后贷款人以使公司负债具有流动性时，它就不再贴现票据了。的确，美联储供给的大部分准备金是通过公开的市场操作来实现的（购买政府债券），这极大地限制了美联储通过决定接受哪一类担保物来确保金融体系的安全和健康的能力。

美联储不再有机会仔细审查贷款银行的资产负债表或是对其收入覆盖支出的能力开展评估。相反，美联储已开始依赖弗里德曼过度简化的货币主义观点，认为美联储的主要职能在于控制货币供给，而方法则是通过调整公开市场购买来控制准备金供给。在弗里德曼看来，美联储可以通过控制银行货币供给，进而控制经济总体的运行。

明斯基认为中央银行实际上无法控制货币供给，因为限制准备金的做法只会诱发银行业务创新，最后需要最终贷款人的干预或者救助，而这相当于默许了那些风险更大的创新业务。这样的政策与维持需求的反周期赤字政策结合在一起，不仅阻止经济陷入深度衰退，还会造成慢性通货膨胀偏差。为应对通胀，财政政策必须偏向紧缩，而货币政策则要维持高利率。

在20世纪70年代末，上述情况达到极致，当时经济已经陷入滞胀，高失业率和高通胀并存。美联储主席保罗·沃尔克宣布实施严格货币主义方案，措施包括采取极高利率来对抗通胀，同时公开宣布货币增长计划以确保沟通。这些措施旨在消除物价压力的同时不致引起失业。

这些努力徒劳无功。美国开始迈入自大萧条以来的最大衰退。政策同样影响到美国整个储贷机构（储蓄和贷款系统），因为储贷机构收取的住房按揭贷款利率较低，而需要支付的短期负债利率较高。严峻的金融危机加剧了整个国家经济不景气。在明斯基看来，这次危机造成极不必要的损失，也显示了货币主义理论和政策是有缺陷的。这里学到的教训是中央银行无法控制货币供给，而货币增长本身也无法预测收入增长或通货膨胀。

1970年后金融系统的转型

货币主义理论被证实有缺陷，更好的分析方法是纳入考虑金融系统演化，以及曾一度维系经济稳定的“制度上限下限”的侵蚀。明斯基认为，第二次世界大战后出现的经济体比较富有活力——更少私人债务（很多在大萧条时期被消灭），更多安全且流动性高的联邦政府债务（由第二次世界大战期间政府赤字支出产生）。这种情况使经济在个人企业不用负债的前提下也能维持较快增长。

在此期间，多种多样的新政措施和战后改革同样有助于稳定经济：社会安全网有助于稳定消费（社会安全福利、失业补偿、福利以及免费食物发放），严格的金融监管，最低工资法案以及工会支持，低成本抵押贷款和学生贷款。对大萧条的深刻印象也削弱了经济主体的高风险行为。

但稳定的经济在逐渐发生变化——对大萧条的记忆慢慢褪色，金融机构开始规避监管措施，缩减政府规模运动逐渐以放松管制取代管制，工会失去政府支持，全球化引进低工资竞争，增加了不确定性，社会安全网也慢慢缺少资金投入。[12]

明斯基认为即便没有上述这些变化，随着追逐利润的企业和金融机构启动更大风险和不确定性的融资计划，转变仍有可能发生。金融危机和衰退变得更为频繁、严峻，但新政制度和改革措施帮助经济相对较快地从每次危机中恢复。因此，在整个战后时期，债务和经济脆弱性逐渐开始累积，使“它”（再一次如同 1929 年大萧条一样的危机）有可能再度发生。

明斯基于 1996 年离世，而金融大危机如同他曾经预测的那样逐渐浮出水面。的确，许多人将其称为“明斯基危机”，他的名字也逐渐变得为众人所知——至少那些学习研究 2007 年[13]金融危机的人都知晓他。明斯基确实预测了金融危机的发生，因为不同于主流经济学家，他的理论包含了经济会向不稳定方向演化的内容。

金融和货币是明斯基理论中的重要内容——在凯恩斯理论中，货币从来不是中性。明斯基将凯恩斯理论推进一步，增加了对金融运行的详尽分析。凯恩斯着重论述了稳定问题，他认为如果工资是弹性的，失业会降低工资，通过对总需求、利润以及预期的影响，导致经济远离完全就业。因此，凯恩斯认为以货币为度量的工资黏性是经济稳定的一个前提条件。（令人难以置信的是，这个观点常被曲解为工资黏性会引起失业，这与凯恩斯的结论几乎完全相悖。）[14]

明斯基将凯恩斯理论进一步延伸，指出如果经济达到完全就业，将会产生不稳定力量从而造成失业。如前讨论，明斯基认为现代资本主义经济的主要不稳定来自过度乐观。总需求升高和完全就业下的利润增长提高预期，鼓励风险逐渐增大的行为，这些行为主要基于对未来收益的乐观预期。当无法实现预期未来收益，如滚雪球般的违约将会导致债务紧缩及高失业，除非有“熔断机制”来干预市场力量，这其中就包括最重要的来自大政府和大银行的干预。[15]

在下一章中，我们将更为详细地考察明斯基有关金融系统的分析。

第 4 章

货币与银行

银行不是首先获得资金然后再进行投资的货币出借人……银行首先要贷出或者投资，之后才“寻找”资金来应对现金流失。

——明斯基，1975，p.154 [1]

我们不能认定，准备金的数量以及准备金率变化要么是由外生决定，要么是由政策决定。

——明斯基，1967，p.266 [2]

绝大多数时候货币十分重要，极少数关键的时刻货币是唯一重要的事，而有时货币一点也不重要。

——明斯基，1969，p.228 [3]

之前我们简要回顾了在明斯基投资决定分析中，借款人对融资投资的作用。我们也进一步讨论了融资形式的演化，从最安全的对冲融资到投机融资再到庞氏融资。现在有必要深入详细分析明斯基有关货币和银行的观点，因为这些观点构成他的整个经济分析理论的基础。

明斯基指出，我们可以将每一类经济主体（企业、家庭或政府）当作既能负债也能产生资产的银行来分析。因为他的分析方法，特别是所用术语对大多数人（包括华尔街外的经济学家）来说都相对陌生，所以使用简单明了的语言比较有用。

我还是明斯基的学生时，他总会警告我："格外注意规范你的资产负债分析"。他坚持每一类经济主体都有资产负债表，如果我们着手分析资产、负债以及现金净资产，比较容易得出正确的分析结论。不幸的是，大部分人，包括经济学家在内，不会从资产负债角度出发思考问题。经济学家经常一上来就假设"钱是从天上掉下来的"，掉到手中成为资产。

但现实世界不是这样的。在现实世界中，你手里的"钱"就是别人的负债。在美国，硬币是财政部的债务，纸币是美联储的负债，活期存款是银行的负债。通常，你得靠挣到一笔钱或是通过发行自己的债券来得到它。在今天的经济世界，这些都通过电子操作，如同电子化的资产负债科目。

明斯基对银行的独特观点不同于主流经济学家。正如本书前面所介绍的，主流凯恩斯主义经济学家如保罗·克鲁格曼在金融大危机后尝试重读明斯基，读后他批评了明斯基非正统的方法，继而指出这从根本上误解了银行：

> 我读过许多有关银行的文章……时常看见银行可以凭空创造信用的论点。一些人对银行信贷受存款限制，或者基础货币在信贷创造中起重要作用持强烈反对意见。他们认为，银行很少留存储备金，所以美联储创造或取消准备金的行为是无效的。这种思路是错的，如果你想想人们实际的行为，他们没有陷入抽象的理论中，显而易见这种论断是错误的。
>
> 首先，任何一家银行都要将其存款贷出。银行信贷员不能凭空开出支票，正如任何金融中介机构的雇员一样，他们必须用手中的资金购买资产。我希望这个论点不存在争议，虽然这是我们讨论银行时的普遍认知，但我估计即便是这个看法都会引起激起讨论。[4]

那些学过一点经济学常识的人都能意识到克鲁格曼这里借用了货币银行学教科书中的典型论断：银行单独不能创造货币。它们必须首先吸收存款后才能贷出部分资金，因为我们是部分存款准备金制度（存款的一部分必须作为准备金）。教科书会接着解释银行系统整体能通过存款乘数效应来扩大货币供给，货币供给的扩大倍数是由存款准备金率决定的。

在这章中，我们会探究明斯基的另一种分析视角，这个分析的优势在于其正确性。

银行是做什么的

我们从明斯基对银行本质的分析开始：银行到底是做什么的？

明斯基指出“每个人都能够创造货币”，但“问题在于如何让它被普遍接受”。他坚持银行不是“贷款方”，即每个贷款方必须在贷出一笔款项前获得该笔资金（这是克鲁格曼对银行的看法）。大部分人认为银行就是吸收存款然后拿来放贷，明斯基指出，这是“贷款方”的业务模式，不是银行的主要业务。银行在贷款的同时，实际上也在创造货币。这有着明显区别，下面让我们看看银行的运作模式。

在深入分析之前，我们首先简单说明一下。银行存款实际上是银行的借据，存在于银行资产负债表中的负债一边。银行有数万亿美元的负债（美国有两家大银行，每一家都有2万亿美元的存款；还有其他一些银行，负债规模也没有小很多）。这些借据其实是银行的或有负债，因为银行的借款人可以要求银行立即偿付活期存款或在规定时间后偿付定期存款。

明斯基说大部分人错在他们以为银行的运转就像站在芝加哥街头的“贷款人”那样，一边吸收货币存款，一边以更高利息将其贷出。[5]

银行会留下一部分存款以应对提现需求。由于美联储限制现金数量，银行信贷也受到限制。

但怎么可能仅仅是这样？首先计算存在问题。现存的现金总量小于1万亿美元，估计一大半都在美国境外，境外的一大半用来规避税收和在黑市资助非法活动，例如枪支或是毒品走私。所以，只有总量的一小部分能被银行吸收成存款，然而，银行的资产负债表上却有上万亿的贷款，也发行了相同数量的借据，包括存款。

想想上一次你去银行，是否存了一大笔钱，好让礼数有加的银行经理同意给你些抵押贷款？事实上，我们常常看见的是人们从银行拿钱出来！[6] 银行主要提供现金，而不是等着现金存款然后才贷出。所以真实的银行是怎样运作的呢？

无论何时银行需要现金满足取款需求，它们不会去找存款人，而是转向美联储。美联储则会运来现金塞满银行的 ATM（自动取款机）。相应地，美联储在其银行准备金项下进行借记。随着时间推移，现金余额越来越多，因为银行支出的现金多于收回的现金。（所有市面存在的美元现金都是从银行 ATM 中出来的）。

假如银行准备金不足会怎样？美联储会不会拒绝付现？不会，美联储会出借准备金来满足现金需求。不然银行只有关门了，拒绝现金提取要求只会吓跑其他存款人，导致挤兑发生。除了偶尔的小问题，你不会发现有 ATM 罢工或是银行因为现金短缺而停业。的确，所有货币银行学教科书都坚持非银行公共部门决定了现金供给——由于银行承诺应需偿付，而美联储则会为银行满足其一切现金需求。

为银行提供现金的是美联储，而非存款人。美联储提供现金不是让银行发放贷款，而是来满足存款人的取款需求。

当美联储运送现金给银行，同时会借记银行在美联储的准备金账户时，该账户本质上讲相当于银行的活期存款账户。银行是如何得到这些存款的？美联储只需按几下按钮，钱就到了它们账户上。

那美联储又是如何得到这些准备金的呢？它其实是贷记了银行在美联储的活期存款账户，这个是凭空产生的，通过发行钞票或大多数时候仅仅只是按几个按钮，钱就到了银行准备金账户。[7] 事实上，绝大多数银行准备金不过是电子化的账户，同时存在于两个资产负债表——一边是中央银行的负债方，一边是银行的资产方。

美联储又是从哪里得到这些运送至 ATM 的纸币呢？这也是通过按钮操作，控制印钞机（在美国财政部）来印刷更多。如果美联储对银行提供纸币，但银行准备金不足借记，美联储将会出借准备金，记账在“借入储备”科目下，作为美联储的资产和银行的负债，这一切也都是通过键盘操作的。

我们还会问，银行是如何拿到贷记在客户名下的存款的？同样也是凭空生成，存款被记在银行资产负债表中负债一方和客户资产负债表的资产一方。

难道这是一种模式？钱总是这样凭空产生？除了真正的现金货币，货币只以资产负债表中科目的形式存在，事实上是两类科目：发行人的借据以及借款人的资产。至于现金，现金是持有者的资产和发行人的负债。现金其实只是负债的一种存在形式，以金属或者纸张的载体存在，不同于电子化载体。

所以大部分人，包括克鲁格曼以及其他经济学家，对银行的理解全然错误。任何时候当你去银行存钱，其实存的是银行所开的借据，就是银行对另一家银行所开的支票或者是电子化的存款。

这就是银行货币。钱是从哪里来的？来自银行。银行是怎么得到这些货币的？银行自己创造的。怎么创造的？银行主要通过按钮操作来贷记账户生成存款。

这一点也不神秘。举例来说，你给邻居打了个欠条："我欠你 5 美元。"这是你的金融负债和你邻居的金融资产。这都是哪来的？凭空产生的。你可以通过纸页、木头、黑板或者是电脑备份记录下来。因为记忆不会被法庭视作证据。你可以将银行借据这种形式当成法律规定、习俗或者是科技，这不改变借据的货币化本质。

你必须先得到现金才能写借据吗？并不是。你必须口袋里有 5 美元现金才能写借据吗？也不是。虽然身上有 5 美元能让你的借据更容易被接受，但没有这 5 美元，你也一样能写借据。

但总有某个时刻，你得偿还债务。你的邻居把借据给你，你必须拿现金偿还、写银行支票，或者拿等值的东西偿还。偿还完成后，邻居将退还你的借据，这时你将它撕掉。

整个过程里，你凭空"创造货币"了；这里的"货币"是以美元计价的借据（当你偿还了债务后，货币也就消失了），这就是明斯基所说的"每个人都能创造货币"。[8] 你也可以反对："但这怎么能够叫作货币呢？这只是我邻居持有的我的债务，它无法流通，我的邻居不能拿它购买任何东西。"是的，这些都没错。

但假设你在当地小有名气，在邻居中值得信任。这种情况下，邻居或许可以拿着你的借据偿还他自己的债务（第三方）。这时，第三方可以拿着你的借据要求你偿还。或者，你的邻居可以雇用当地小孩为他家除草，接着那个小孩要求你偿还借据。这样至少在理论上，你的借据也许是可以流通的，可以用来偿还债务、购买服务。

正如明斯基总说的“任何人都可以创造货币”，但是“问题在于如何让它被普遍接受”。银行和货币市场共同基金都是通过发行以货币计价的负债来创造货币，也都得使其被接受。相比其他金融机构，银行的特殊之处在于政府给予其特别保护。在市场比较好的时候，这可能并不重要，其他金融机构创造的货币一样好使。而当形势变坏时，影子银行的负债就不那么有吸引力了。太平洋投资管理公司的保罗·麦卡利在2008年影子银行危机后是这样说的：

> 过去30多年间，游离在传统受监管的银行体系之外的“银行”规模呈现爆炸式增长。只要公众认为这样的金融工具同银行存款一样，就能延续良好的发展势头。凯恩斯对为什么影子银行系统规模增长至如此大，并成为目前全球金融危机的根源提供了基本答案。这是一种传统的信念，随着时间推移不断加强：人们相信影子银行负债同传统银行存款一样好，不是因为它们真的一样好，而是因为在过去它们功能类似……但是，真正的银行可能的确有与影子银行的不同之处，而这是无可争议的事实。譬如，部分影子银行目前向国家救助的传统银行转型。而其他影子银行也疯狂转型成传统银行，以便与前期转型的机构一样获得国家补贴的资本和流动性支持。[9]

但这并不意味着影子银行或商业银行就是吸收存款、发放贷款的金融中介。它们通过发行负债来购买资产融资。它们的负债也被称为存款，或是可转让支付命令活期存款（NOW）账户，或是货币市场互助基金（MMMF）份额。[10] 但最终，只有投保存款才不会面临损失。[11] 因此银行是特殊的，这与它们是“货币创造者”无关，仅仅是因为这些银行有主权政府兜底。如果一家银行面临其他银行的挤兑，它会在美联储基金市场借入准备金，或是申请贴现。如果它面临存款人通过 ATM 取现的现金挤兑，美联储会安排全副武装的押钞车将 ATM 塞满现金。

明斯基从未认为个人借据同银行借据一样好，很显然这并不可能。银行是特殊的——除了政府自己印发的货币，没有比银行存款借据更好行使货币职能的了。然而分界线极为模糊，特别是在各种创新层出不穷的今天，划分更不明显了。例如说，除了在危机中，由影子银行发行的货币市场共同基金几乎等同于银行存款。持有人可以开出货币市场共同基金支票，直到 2007 年金融危机，还没有货币市场共同基金发生过违约。

危机中，政府担保通过联邦存款保险公司以及最后贷款人承诺的形式使银行借据相较影子银行更为安全。（发生危机时，货币市场互助基金将面临资金提供者的挤兑，这些资金提供者担心资产跌破净值。只有政府临时承诺兜底，影子银行才能阻止其挤兑。）因此，除非有美国政府支持，你的借据流动性就会不如银行存款。当然，银行也有其他优势。虽然贷款审批标准在 21 世纪初的投机热潮中大幅下滑，但银行依旧具有明显的贷款审批专业性，即对信誉的辨识程度，这点将在下一章节讨论。

一如既往地，明斯基走在了时代前面。他在20世纪50年代末期就提出货币是由银行内生的，而非中央银行通过调节银行准备金外生而控制，后者是明斯基并不认同的简化货币主义观点。这也意味着明斯基同样不认同教科书中的“存款乘数”观点（保罗·克鲁格曼依然接受这个观点）。明斯基指出，银行会贷款给优质客户，开立活期账户，如果之后需要准备金，银行可以在联邦基金市场借入或直接贴现。

过去几十年间，学术界发展了整套完整理论支持内生货币观点，经济学家和政策制定者现在也都普遍接受了，轻易就能找到美联储、国际清算银行以及其他知名国际金融机构经济学家支持该论点的论述。内生货币观点同明斯基观点一致：银行可以发行自己的票据。如果银行和借款人双方自主自愿，银行通过电子化科目自动生成存款在借款人账户，相应集成一笔贷款在银行资产科目。

也就是说银行贷款可以就这样凭空产生，同时记录在两张资产负债表的四个科目中：借款人资产负债表中资产方的存款增加，同时负债方的贷款也同样增加，而在银行资产负债表中贷款出现在资产方，存款则在负债方。

由于借款人借款是为了使用，[12] 因此银行会借记借款人活期存款账户并贷记销售方的活期存款账户。除非销售方使用同家银行，否则借款人的支票会被销售方存进另一家银行。两家银行之间就涉及账户清算。许多清算是借记借款人银行的准备金，并贷记销售方银行的准备金。

很多人曾认为银行贷款后需要留存多余准备金，以备清算需要。现在我们知道银行并不是这样运行的。银行只有在需要的时候才动用准备金；它们先创造存款，随后再寻求准备金。明斯基已在 1957 年发表的一篇关于发展中联邦基金市场的论著中提及这个问题：有清算需求的银行可以通过联邦基金市场以隔夜拆借率短期借入准备金。

美联储会通过在公开市场买卖债券，盯住联邦基金利率（主要政策变量）不被市场压力过度影响（清算引起多余需求推动利率升高，多余供给则会推动利率下降）。[13] 正如经济学家巴兹尔·穆尔指出的那样，[14] 公开市场操作具有防御功能，有助于美联储通过适应准备金需求来维持目标联邦基金利率。

上述细节现在都说得通了，也证实了明斯基早期对货币和银行的一些观点。现在让我们看看他对当代机构的分析。

金融机构及金融系统的运行状况

我们来详细分析明斯基是如何认识当前金融机构以及金融系统运行状况的。在许多论著中，他强调了以下六点：

其一，资本主义经济是一套金融系统；

其二，新古典经济学当前不适用，因为其否认金融系统的重要性；

其三，金融结构日渐脆弱；

其四，金融脆弱性使滞胀甚至严重衰退成为可能；

其五，滞胀的资本主义经济不利于资本发展；

其六，但这种脆弱发展趋势可以通过实施适当金融结构改革以及政府财政措施来避免。

这里我们主要侧重明斯基对金融机构和政策的分析，简单地同传统经济学做些对比。我们会在第六章重点研究金融系统向明斯基称为货币经理资本主义的长期转变，最后一章将研究对政策改革的一些建议。

明斯基认为，“资本主义经济可以用一系列相互联系的资产负债和现金收益表来描述”。[15]资产负债表中资产可以是金融或实物资产，能够产生未来收益、被出售或者充当抵押物。而负债则代表了见令付款或者是约定时间付款的一种承诺。资产和负债都以货币计价（美国就是美元），资产价值超出负债价值的部分就是名义净值。

的确，所有经济主体，包括家庭、企业、金融机构和政府，都可以被当作银行来分析。因为它们全部能够生成资产负债表，通过发行负债来持有资产头寸，借助安全边际起到缓冲保护作用。

一类安全边际即是资产所有者预期能够产生的扣除未来偿债负担的超额现金收益。这是“现金流”缓冲，是现金流入与流出的差额。对银行来说，现金流入主要是贷款利息收入和证券手续费，现金流出主要是负债的利息支出以及运营成本（工资、租金、电脑、

ATM 以及其他）。它们会希望产生安全边际，以加入坏账准备金以及资本净值中。

另一类安全边际便是资本净值，对于给定的预期收入流，资产价值相对负债的价值越大,其安全边际也就越高。这是资本缓冲。万一收入短缺，经济主体可以通过变卖资产偿还负债。

还有一类是流动性缓冲，如果资产能迅速出售或充当贷款抵押物，则安全边际就越大。这三类缓冲都对保护经济主体（金融、非金融、商业、家庭）有着重要作用。

如果资产存续期超过负债，经济主体就需要继续融资来维持这个资产头寸。举例来说，一个储蓄机构会持有 30 年住房抵押资产头寸，吸收 30 天内可变现的储蓄存款。[16] 明斯基指出，这样的运行模式需要有多个正常运转的市场存在，以便在重新融资渠道中断或是变得过于昂贵时，经济主体可以随时在可靠的市场融资。[17]

如果发生金融冲击，需要可持续融资渠道的经济主体会卖掉资产头寸来满足现金支出需求。对经济整体来说，金融总资产和总负债差额为零。[18] 一般抛售过程中的动态变化会压低资产价格，极端情况下趋近于零。这就是费雪提出的债务通缩情况。抛售压力越大，资产价格贬值压力越大。这就是在现金流缓冲失效的情况下，净资本缓冲（能吸收损失）和流动性缓冲（能延缓“资产贱卖”）之所以重要的原因。

专业金融机构会通过购买资产来避免资产价格下跌，保护市场，但在抛售情绪蔓延的市场重压下也会不堪重负，关门拒绝提供融资援助。

交易商就属于此类机构。它们随时准备买进，但抛售压力过大时，它们也无计可施。因此，中央银行充当最后贷款人为部分金融机构提供短暂融资援助是必需的。作为高能货币创造者，只有政府，即央行以及财政部，才具备无限制的资产购买力，为市场源源不断地注入高能货币。

以上论述对各类经济主体都适用，也就是明斯基所说的任意主体都可以被当作银行分析。

金融机构的特别之处在于它们是以高杠杆率运转的，每 100 美元的资产都会对应 95 美元负债，仅留下 5 美元资本净值。以一个银行简化的资产负债表为例：会有 99 美元的贷款和债券以及 1 美元准备金或现金作为资产，而负债方的存款就会有 95 美元（活期及定期存款），只剩 5 美元资本净值。

银行资产头寸实际上都是通过融资购买的，它们发行负债融资来购买资产。而它们发行的负债又成为“别人的钱”。银行只有很少的资本有风险敞口，自身损失很少发生，因为资本金缓冲很小。

有些金融机构会专门持有长期资本头寸，发行短期负债，也就是说它们有意将自己置于需要经常再融资的境地。我们将其称为低流动性头寸。

极端例子发生在 20 世纪 80 年代早期，银行或储蓄机构会持有 30 年固定利率住房抵押资产头寸，吸收活期存款。[19] 这要求机构持续寻找有利的再融资，因为它们挣取固定利息，而且变卖资产不易。这样的头寸组合流动性较差，要求机构具有融入流动性渠道。对储蓄机构来说，渠道就是联邦住房贷款银行；对银行来说，就是美联储。

其他类型的金融机构，例如投资银行，专门从事利用市场放置股权或债务形成资产组合。它们主要依靠手续费收入而非利差。正常情况下，它们不会持有资产，但当市场失序时，投资银行只能持有变卖不掉的资产。[20] 还有一些银行会以自己的账户或者代客户，持有资产并交易，以获取收入及资本利得。

银行的种类

金融机构种类众多。明斯基将其划分为传统商业银行、投资银行、综合银行以及公共控股公司模型。

传统商业银行通常发放以生产或流通中商品为抵押物的短期贷款。[21] 货物销售后贷款很快可以偿还。这种模式常见于真实票据理论。大意是假如银行仅在已有销售商品作抵押时才发放贷款，这笔贷款就是安全的并且不会有通胀情况（假如商品已经存在，就不可能出现太多的金钱去追逐过少的货物的现象）。而银行通过发行短期负债，例如活期或定期存款（或 19 世纪的纸币），来为其贷款组合提供融资。

在传统银行模型里，银行、货币供给以及实际产出之间的联系十分紧密。米尔顿·弗里德曼货币数量理论中也假定应该是这样的关系。事实上，银行贷款从不局限于这种模式，所以遵从“真实票据理论”的传统银行更像是 19 世纪和 20 世纪早期的理想而非现实。

实际上，商业银行发放短期贷款融资以支持生产过程。本质上讲，企业借款支付工资和原材料，银行提前将活期存款给企业来开支。当商品售出后，企业有能力偿还贷款，银行会收取更高利息，利差就是银行利润。

这里我们注意到，这些商业银行并没有坐等存款，之后才去发放贷款。整个过程其实是相反的：银行接受企业借据，然后创造存款（或是支票）以满足企业支付工资和购买原材料的资金需要。内生货币理论拥护者认为"贷款创造了存款"，这并非什么形而上学的认识，而是由于银行通过自己发行借据来购买企业借据，也就是说银行通过发行借据融资来持有企业借据的头寸。

企业完成生产和销售后，会收到一笔存款并用它偿还一部分短期债务。也就是说，企业以支付银行自身发行借据的形式偿还债务；偿还贷款的同时，存款也相应缩减（当企业写支票给银行偿还其债务时，银行资产负债表的贷款和存款同时做借记处理）。

但购买企业产品的客户很可能使用另一家银行，所以企业会收到另一家银行的支票并交给自己的银行。在现代金融系统中，支票是以面值结算的（通过中央银行或私人银行之间的结算系统）。因此企业不用偿还给银行其自身发行的借据——任何银行的借据都是可以接受的。

存款最终是要平衡的，资产损失必须很小，商业银行的资本金才足以吸收这些损失。商业银行本能地需要保持谨慎。正如明斯基指出的，银行家热爱形式。贷款人总会展示最美好的图景，所以谨慎小心的承销变得极为关键，银行要小心留意贷款人的计划。商业银行总会思考的问题是："怎样才能收回贷款？"

确实，贷款也可以采取抵押形式（例如以生产流通过程中的商品作为抵押），但成功的银行几乎从不需要收回抵押物。因为银行不应成为典当铺。正如明斯基的好朋友马丁·迈耶所说的那样，银行的利润来源应该是长期积累的贷款人偿还的本息。[22] 他也提及银行信贷员的职业道德问题，信贷员的成功取决于贷款人。

银行家很关键，他们其实才是"资本主义的监察官[23]"，正如明斯基的博士论文导师熊彼特[24] 指出的，光是创业家具有充足的投资热情是不够的，必须找到愿意预先支付工资投入生产的银行家。同熊彼特一样，明斯基相信对创新的投资对一国的资本发展至关重要。

虽然传统商业银行不直接为投资品购买融资，但同样也在投资过程中起着作用，因为投资品在销售前，必须首先生产出来。虽然没有直接为购买投资品提供融资支持，但是商业银行通过为投资品部门支付工资融资，也促进了经济的资本发展。因此，我们可以为生产资本品（一般由商业银行融资支持）和购买资本品提供融资（一般和投资银行而非商业银行的业务范围区分开来）。[25]

明斯基指出在 19 世纪最后 25 年间，商业银行自身已经不足以支持国家的资本发展。随着铁路和现代工厂的兴起，投资品价格日益昂贵，即使是"强盗式"资本家也无法用自身积蓄购买。需要专业投资银行提供外部投资（注意思考这与上文提到的明斯基的"投资金融理论"是如何联系在一起的）。

商业银行能为投资品生产提供融资，但投资银行也必须存在，提供资金用以购买已生产的投资品。19 世纪晚期投资银行开始兴起，例如高盛和 J.P. 摩根，同样兴起的还有鲁道夫 · 希法亭[26]所称的“金融资本主义”，我们会在第 6 章讨论该问题。因为高昂的固定资本需要长期资金支持，投资银行变得日益重要。

投资银行业务有两种基本模式：一种是中介业务，帮助将公司负债（债券）或股权投放投资人市场；另一类是通过发行负债募集资金，自己购买持有债券或股权。前者收取手续费，后者的利润主要依赖购买投资品公司的表现。在实际操作中，投资银行通常会结合两种模式。

重点在于投资银行会直接或间接地长期持有资本资产头寸。同商业银行有很大不同，投资银行能为存款人提供选择，持有流动性高的金融资产（银行负债）或是真实资产（直接购买公司股权或者间接购买所有者份额）。

众所周知投资银行风险更大。20 世纪 20 年代发现，投资银行更容易欺骗客户。商业银行提供活期或定期存款，投资银行销售前景不明的股票和债券（以及其他更为复杂的金融产品）。更为重要的是，投资银行与有融资需求的企业接触频繁，更容易产生长期合作关系，也更容易得到不会向公众泄露的内部消息。

在 20 世纪 20 年代，投资银行涉及从事一些秘密活动，这些活动多少也引发了 1929 年的大萧条。[27]明斯基之后指出，1929 年标志着“金融资本主义”的终结，股票和债券价格崩溃，半数银行倒闭。新政改革实施了一系列禁令和限制（之前提到的制度“上限和下限”），极大地限制了投资银行业务。

美国进一步立法，也就是著名的《格拉斯 – 斯蒂格尔法案》，明确区分了投资银行和商业银行业务。主要内容是商业银行将被积极监管以保护客户的利益，投资银行环境相对宽松，但它们不能向大众提供存贷款业务。直白地说，不允许它们像 20 世纪 20 年代时那样欺骗客户了。

在之后 60 年里，这样的区分都存在于纸面上。但在现实世界里，银行一些规避法律初衷的创新和去监管、去监督的大环境，使这样的区分逐渐模糊，这项法案最终也被废除。

明斯基指出，最初当我们允许银行控股公司同时控股两种类型的银行时（的确最终会控制所有提供金融服务的公司），分界线已经开始模糊了，之后在沮丧下于 1999 年废除了《格拉斯 – 斯蒂格尔法案》。随着区分逐渐被移除，20 世纪 20 年代初的那些僭越的行为又有所回归。最终，如同第 6 章将提及，2007 年金融危机爆发了。[28]

结　论

在后面的章节中，我们会重新审视引发危机的金融系统变化。现在，让我们重温明斯基关于银行的主要理论观点。

1. 银行业务不应被简单描述为接受存款并发放贷款的过程。

2. 相反，银行接受借款人的借据，然后创造借款人可以使用的银行存款。

3. 事实上，银行通常只是接受借款人的借据，然后为借款人完成支付。例如，在汽车经销商的名下开支票。正是由于这样一种制度的存在，明斯基才认为银行业务并不是借贷货币，而是接受借据，然后为银行债务人完成支付。

4. 与所有经济单元一样，银行通过发行借据（包括活期存款）来融资购买资产。但是银行及其他金融机构有特殊性，由于相较其资产组合规模，银行自身股权风险微乎其微；对自有的每 5~10 美元股权，银行都会相应发行 90~95 美元债务，以购买 100 美元的资产。

5. 银行使用准备金与其他银行开展清算（以及与政府的清算，本章中不会涉及这个问题）。银行同样用准备金应对取现要求。当银行需要现金应对公众提现或者与其他银行的清算时，中央银行会借记银行准备金账户。

6. 包括美国在内的一些银行系统，中央银行会设定法定存款准备金率。然而，准备金率也无法保证中央银行对银行贷款及存款的量化控制。相反，中央银行只是在应需提供准备金时，为所提供的准备金设定了“价格”（收取的利息），规定隔夜拆借利率。在美国，主要目标利率是美联储基金利率。美联储对银行多是准备金“价格”管控（联邦基金的成本），而非数量管控。

这就是 20 世纪对银行业务的了解。在下一章中，我们会研究明斯基另外一块具有创新性的研究领域：失业及贫穷。然后我们会再次回到金融制度在经济中的作用。

第5章

如何应对贫困与失业

自由派发动“向贫困宣战”的理念源于新古典主义对贫困根源的定义——正是穷人本身而不是其所处的经济环境导致了贫困的产生。“向贫困宣战”试图改变的是穷人而不是经济体制。

——明斯基，1971，p.20[1]

任何抵抗贫困的运动都必须包括创造就业计划；迄今为止并不存在相反的证据表明，一个彻底的创造就业计划不能凭借自身的力量消除现存的大部分贫困现象。

——明斯基，1975，p.20[2]

在市场竞争且工资稳定的环境下，一个实现了充分就业的经济体，即政府为年轻人和成年人均提供就业保障，有可能缓解通胀压力经济，避免陷入深度萧条。

——明斯基，1983，p.276[3]

当我还是明斯基的学生时，我发现他对于福利的态度令人费解。与多数激进的经济学家不同，他反对有抚养子女的家庭救助（AFDC，又称“家庭福利”）和食品券计划（Food Stamp Program）。相反，他赞成消除就业障碍，包括取消《社会保障法》中阻碍退休人员寻找工作的条款（例如对福利金征税）。在我看来，他的观点听起来颇有时任总统里根的风格，都强调从事工作的重要性，反对单纯的救助。

渐渐地，我开始明白，明斯基主张实施类似“新政”的就业计划，旨在使有工作意愿的个人都能获得有偿工作，而不是一味依靠社会福利。明斯基将该政策称为“最后雇主计划”—— 类似美联储在金融系统中充当“最后贷款人”的角色，财政部应当为无法在私人部门找到合适工作的人在公共部门中提供职位。

然而直到很久以后，我通读了明斯基的著作[4]，才发现他在20世纪60年代推动以创造就业代替社会福利运动中所发挥的积极作用，他希望能从本源上对抗贫困和失业。那时他已是加州大学伯克利分校的教授，与一个由劳动经济学家组成的杰出团队合作，共同研究贫困和失业对策。

自肯尼迪当选总统后，贫困问题已经成为阻碍美国社会发展的严峻挑战，认识到这一点非常重要。同样重要的还有迈克尔·哈灵顿的现实主义著作《另一个美国》[5]，这本书揭露了战后美国富足社会背后逐渐蔓延的贫困和饥饿问题。事实上，约翰·肯尼迪和林登·约翰逊政府曾经公开“向贫困宣战”，在 1963 年肯尼迪遇刺后，由约翰逊总统最终发动了这场战争。

那时，明斯基就已经断言缺少了关键的就业创造计划，“向贫困宣战”注定不会成功。他坚持除非相关政策直接导向消除非自愿性失业，否则根本不可能解决贫困问题。此后 10 年，明斯基撰写了大量针对贫困和失业的文章、信件和手稿，其中多数建议将“最后雇主计划”作为创造就业的途径。

事实上，那些年他撰写的相关文章数量并不少于其在金融系统方面的著作，但不寻常的是他在该领域的研究成果鲜为人知。对明斯基来说，消除贫困和失业对“稳定不稳定的经济”至关重要。过分关注金融系统，却忽视围绕贫困和失业滋生的大量不稳定和不安全因素是一个严重谬误。明斯基认为，美国 20 世纪 60 年代施行的“凯恩斯主义”政策——依赖“向贫困宣战”和需求刺激——事实上助长了金融系统的不稳定性。相反，就业创造计划却能够稳定经济。

本章，我们首先关注明斯基对“向贫困宣战”的解读以及他所倡导的“最后雇主计划”。之后我们分析明斯基对“凯恩斯主义”失业理论和应对政策的观点，尤其是涉及反映就业和通胀权衡关系的菲利普斯曲线的相关论述。最后我们将深入探讨为什么他坚信“最后雇主计划”能够在达到充分就业的同时促进经济稳定。

“向贫困宣战”[6]

明斯基将最初的“向贫困宣战”描述为“提升工人阶级”的一次尝试。美国政府自1964年以来出台了一系列措施，努力提高失业者的教育水平和工作技能，并调整了激励机制，使他们对私人部门雇主更具吸引力。一年后，海曼·明斯基这样评论道，向贫困宣战“能够使贫困更加公平化……但单凭这种方式无法终结贫困”[7]。

他的理由是如果工作岗位的供给量并未增加，仅仅依靠提供职业培训提升贫困人群的“就业能力”，不过是对失业和贫困的再分配。与任何接受过良好培训的劳动者相比，不熟练工人注定会失业。明斯基并不是反对教育和培训本身，而是阐述一个理念：如果要降低失业率和贫困率，我们必须创造更多就业岗位。

如今在美国越来越多的人深陷贫困泥潭，甚至超越了“向贫困宣战”前的水平，且贫困人群高度集中于抚养子女的家庭。事实上，除却高龄群体的特例，老年人贫困率下降归功于《社会保障法》，而不是受益于“向贫困宣战”，自20世纪60年代初以来，美国的贫困率几乎从未改变过。如果以该标准衡量“向贫困宣战”的成败，那么我们不得不承认明斯基是正确的，它并未使贫困人群真正脱离困境。

此外，我们必须记得不只是里根总统曾经试图结束对穷人的“施舍”，虽然他曾不公平地将他们描述为开着凯迪拉克的“福利皇后”。[8]最终，是克林顿总统中止了“众所周知的社会福利”，迫使国会取消了对抚养子女家庭的救助。他认为我们应当转变对贫困群体的看法，不再将他们视为依赖政府施舍的不劳而获者，而是将其视为需要帮助的劳动者。

因此，克林顿的福利改革包含了年龄限制条件和有力的工作激励。从某些角度来看，他关于减少福利依赖的观点与明斯基的颇为相似。但与明斯基的“最后雇主计划”明显不同的是，克林顿的提议并不包括提供就业机会。根据他的观点，当经济增长势头足够强劲时工作岗位将会自动涌现。

事实上这正是肯尼迪和约翰逊政府采取的策略，也是多年来正统凯恩斯主义经济学家[9]向历届总统提供的政策建议。[“向贫困宣战”的其中一项措施就是建立了经济顾问委员会（CEA）——最初由凯恩斯主义主导。]

“凯恩斯主义”政策通常依靠提高总需求来刺激私人部门就业，这完全是建立在经济增长前提下劳动力需求扩张能够带动穷人“水涨船高”[10]的假设之上。具体构想是通过“向贫困宣战”提高有劳动能力者的工作技能使其完全适应生产活动，创造的社会财富再以福利和食品券的形式接济无劳动能力者以及无劳动意愿或不适宜参加劳动的群体。最终仍必须依靠私人部门向新进入劳动力市场的劳动者提供工作岗位。

然而，失业率自 20 世纪 60 年代后一直呈上升态势，长期失业越来越集中于劳动力弱势群体，贫困率呈现刚性，70 年代初以来大量劳动者实际工资下降，劳动力市场与居民区逐渐分隔，富人建立起封闭的社区，穷人则被遗忘在摇摇欲坠的城市中心。

也就是说，“向贫困宣战”不仅在消除贫困的道路上遇挫，甚至未能实现向有需求的劳动力提供持续稳定工作的基本目标。

明斯基预见了这些。他断言“向贫困宣战”的经济理论基础误解了贫困的本质。从一开始明斯基就意识到，依靠经济增长和供给政策（提升劳动力素质，提供适当工作激励）来消除贫困的构想是虚无缥缈的。

事实上，有证据表明经济增长从某种程度上对富人更加有利，只能加大贫富差距，且工作本身并不会产生“涓滴效应”，至少在战后一般经济增长水平下难以发生。[11] 而且早期能成功减少贫困，与社会福利体系覆盖老年人和残障人士有关，而与经济增速变快或“向贫困宣战”计划并无直接联系。这也是 65 岁以下群体的贫困率没有任何变化的原因。[12]

“向贫困宣战”的理论缺陷

1964 年 1 月 8 日，约翰逊总统在他的第一次国情咨文演说中宣布“无条件向贫困宣战”，其核心文件《经济机会法案》也于同年递交国会。约翰逊称该计划旨在从根源上解决贫困问题，而不是单纯试图降低其负面影响。他坚信扩大贫困群体的教育和培训机会能够一劳永逸地终结贫困。

约翰逊宣告了一场“全力以赴的战斗……在与人类最古老敌人的抗争中寻求胜利”[13]。根据明斯基的分析，此次行动主要侧重于为劳动者提供实际并不存在的工作岗位，因此注定会失败。只有具备有导向性的就业计划，确定合理的工资水平，才具有政策可行性，从而能成功解决非老年贫困问题。

为什么“向贫困宣战”忽视了就业创造？答案是肯尼迪和约翰逊都过于信赖经济顾问委员会的经济学家。根据朱迪丝·拉塞尔[14]的记载，经济顾问委员会坚信：（1）贫困与失业不是密不可分的；（2）综合财政政策（如肯尼迪 1963 年的减税措施）在任何情况下都足以降低失业率；（3）许多美国人不得不成为应对失业的缓冲储备，以此抑制通货膨胀。这些观点在当代经济学家中依然盛行。

经济顾问委员会的影响力足以让美国总统的施政理念与主流的结构主义者失业理论相悖。大量经济学家、决策者、国会议员，以及肯尼迪最亲密的私人顾问约翰·肯尼思·加尔布雷思均是主流观点的拥护者，认为高于 2% 的失业率不可接受。

加州大学伯克利分校是结构主义理论的一个重要堡垒，因而明斯基为结构主义者辩护也就不足为奇。他认为单独依靠需求刺激永远不可能为最迫切需要工作的群体，即不熟练工人和非裔美国人带来渴望已久的就业机会。而且，由于经济顾问委员会将 4%（或以上）的失业率视为“充分就业”，黑人失业率甚至高出总体均值 2~3 倍，因此经济顾问委员会所制订的“向贫困宣战”计划根本不可能改善非裔美国人的贫困现状。

经济顾问委员会对凯恩斯主义的理解，建立在政府注资提振需求基础之上。该理念说服了总统，使其确信就业计划并不是减少贫困的必要因素。失败的另一个原因在于，人们普遍认为，在对抗贫困前穷人首先得做出改变。明斯基反驳了这些观点，他认为没有相应的就业创造计划来使穷人安于现状，“向贫困宣战”就不可能成功。他的思路是政府首先必须提供工作，其次通过在职培训提高劳动者的工作技能。他甚至警告，这种所谓的“凯恩斯主义”对策不具有可持续性，长期实行会引发金融系统不稳定。

严格的充分就业

明斯基将“向贫困宣战”视作“对激进派长久挑战的传统反驳，激进派认为资本主义必然在富裕中滋生贫困”[15]（p. 175）。在他看来，约翰逊的“传统反驳”存在根本性缺陷，他们并非向穷人直接提供工作机会，而是向他们提供了如何工作的学习机会。

明斯基将贫困的主因归结于失业。他将失业归咎于美国的经济体制而不是工人的自身缺陷，因此他拒绝单纯从供给方面提供“解决办法”，如工作福利、培训、教育，以及所谓的“工作激励”。

明斯基同样反对第二次世界大战以来旨在提高就业的需求刺激政策。“向贫困宣战”开展10年后，1975年明斯基指出，“我们必须保留过去40年的政策宗旨，同时努力向支持劳动力附着效应的经济体系发展。但首先我们必须创造切实的就业岗位；任何不把创造就业作为首要目标的政策战略都不过是过去10年乏力政策的简单重复”[16]（p. 20）。由于战后的反贫困战略已被证明是徒劳无益的，明斯基认为决策者应当转向带有第二次世界大战前政策特点的战略，即公共就业计划。

“向贫困宣战”可以被视作“凯恩斯时代”的胜利产物，却是反贫困战略的一次失败尝试，因为它坚信维持总需求是促进经济增长的关键点，却忽视了就业在消除贫困过程中的重要作用。

明斯基强调失业、工时不足和报酬低下的综合因素共同造成了体格健全人士陷入贫困。他进而解释道，很明显“针对老龄人口、弱势群体、残障人士和贫困儿童开展的广泛的、改善的和现代化的转移支付及收入计划是有必要的。在我看来这与‘向贫困宣战’并没有直接联系，而是主要与国民良知及关爱有关”（明斯基，1965，pp.176–177）。也就是说，他愿意承认一个健全的福利制度必须将缺乏工作能力或由于特殊原因不适宜从事劳动的弱势群体纳入体系之内。然而，他坚信全面的就业创造计划连同合理有效的最低工资将会在消除有意愿和有能力劳动群体的贫困问题上前进得更远。

值得注意的是，他建议“严格的充分就业”应该达到 2.5% 的失业率目标。与 1965 年 5.2% 的预期失业率相比，他计算出这将使 GNP（国民生产总值）增长 340 亿 ~ 530 亿美元。[17] 明斯基指出该数字远高于将贫困人口收入提升至贫困线以上所需花费的 110 亿 ~ 120 亿美元。也就是说，让人们获得工作机会将会带来巨大的经济效益，是所有美国公民脱离贫困所需投入的 3 ~ 5 倍。

因此，尽管全面的就业创造计划或许无法解决所有贫困问题，却能带来足够用以重新分配消除贫困的经济产出。

该时期的结构主义学派普遍强调工作不匹配因素，即便在工作总量较为充裕的经济周期高峰期，大批待业者也可能由于自身工作技能、教育背景或其他因素无法获得匹配的工作岗位。这种观点在决策者中占主导地位，类似观点在20世纪90年代末也曾备受青睐，此时不熟练工人在“新经济”浪潮中被大量淘汰（皮金和雷，2000）。

以明斯基为代表的结构主义者则更进一步。他们认为就业市场中，技术和结构层面的变化明显较对失业工人的再教育和再培训更为重要。也就是说，他们对单凭“供给方面”的政策能否解决日益加剧的失业问题持怀疑态度。认为只有将“积极劳动力市场”政策和直接的就业创造计划相结合才能有效应对结构性失业。

明斯基指出即便经济体制本身没有不断制造结构性失业，任何劳动力市场供给方面的战略在长达20年的时间内都不会产生明显效果，明斯基称之为培养一个劳动力所必需的“妊娠”期（1965, p. 195）：

> 我们已经知道儿童在3~5岁的成长经历大致决定了其成年后的各项能力。因此学前训练对于打破贫困的恶性循环很有必要。但如果这个观点是正确的，那么人们或许需要18~20年之久去认识该计划的成效。

在一个职业技能标准持续更新的动态社会，这种长期的酝酿过程说明了多数个体在达到进入劳动力市场年限时实际上并不具备胜任当前工作的必要条件。因此，劳动力的“供给”和“需求”总是存在不对等现象。正因为如此，我们必须创造就业岗位去改变这种不匹配现状。

就业是否能消除贫困

让我们用数据来进行判断。美国“官方”贫困率在战后大幅下降，到“向贫困宣战”开始的 1965 年已降至 15%。白人和黑人的贫困率在 20 世纪 60 年代中期均有所下降，但随后并无建树。直至克林顿执政的 90 年代中期，非裔美国人的贫困状况才得到改善。最终，在 2000 年贫困率转而恢复到 1968 年时 12% 的水平。从这些数据上很难分辨出“向贫困宣战”的积极影响。

问题是多少应归咎于失业？2004 年“向贫困宣战”40 周年之际，我与斯特凡妮·凯尔顿合作研究发现，仅有 10% 的家庭降至贫困线以下。[18] 总体上，约 1/4 的无劳动力家庭处于贫困线之下，拥有一名以上兼职或非全年制劳动者的家庭情况相同。而另一方面，拥有一名以上全职或全年制工作者家庭的贫困率仅为 3.5%。

如果就业对于消除贫困如此重要，那么分析解读“向贫困宣战”和“凯恩斯主义”政策实施以来弱势群体的就业趋势将非常具有启示性。1965 年 25~64 岁高中辍学者的就业率为 62%；到 1994 年，降至 51%。实际情况与明斯基的结构主义观点相符，他主张成功的“向贫困宣战”战略应当根据“工人原本的状况”提供相应工作岗位，特别是针对高中辍学者。

无高中学历群体就业率下降显著，仅有半数的辍学者拥有工作。而且应当注意到这只是一般人口数据——如果将处于“壮年时期”（18~44 岁）且高中辍学的男性服刑人员统计进来，情况会更加糟糕。正如我们先前研究结果（皮金和雷，2000）显示，如果把服刑人员计算在内，1999 年的高中辍学壮年男性人口就业率将从 68% 降至 62%。对于情况相同的非裔美国男性，将服刑人员统计进失业人口，就业率则从 46% 跌至 33%。我们应当对此感到震惊：在 1999 年仅有三分之一的非裔高中辍学壮年男性拥有工作——达到克林顿繁荣时期的顶峰。

总而言之，“向贫困宣战”在提高失业率和降低贫困率方面并没有长期显著效果——至少对于那些年龄在 65 岁以下、缺少高中学历的极端弱势群体来说情况并没有改善。“向贫困宣战”并不直接创造就业岗位，因此正如明斯基所说，缺少了就业创造计划的“向贫困宣战”不过是不富裕群体间的贫困再分配。

“凯恩斯主义者”制定的肯尼迪和约翰逊政府的战略依赖于经济增长拉动就业从而控制贫困率的构想。在下一节，我们将探讨明斯基对经济增长能否有效抑制贫困的疑虑。

私人投资战略是否能拉动经济增长

正如上文所提到的，经济顾问委员会推动了通过政府投资刺激经济进而带动经济增长的方针。战后一段时期，除国防开支外，“政府使用的扩张性财政政策工具主要是减税或钻法律漏洞，目的是将资源转移到私人部门的消费和投资层面”（明斯基，1971，p. 15）。这些以促进完全就业为目标的“凯恩斯主义”政策主要依靠有利的商业环境刺激投资支出，即通过乘数效应引导消费。采用加速折旧、投资税收减免等各种税收刺激政策，是战后投资战略的一个普遍特征。与此同时，决策者还试图使用收益固定的政府订单，如涉及国防、交通和房屋建筑业的特许合同，来提高资本收入的稳定性。

然而，明斯基（1973）[19] 对此持有异议，并声称高投资战略至少存在四个问题。首先，将收入转化为资本的税收刺激政策加大了普通工人与投资者之间的收入差距，鼓励投资政策使后者获益。其次，高资本收益引发富人的奢侈消费以及不富裕群体的效仿性消费，制造潜在需求拉动型通胀，更不必说中低收入阶层中的“卡戴珊”追随者进行的攀比型负债消费。再次，涉及尖端高科技产业的政府采购合同需要大量熟练高工资劳动力，加大了劳动力内部的收入不均。最后，通过锁定资本收益的规模和担保风险，税收减免计划能够增加商业信心和债务型融资，同时借款人的安全边际下降。由此，私人投资战略可能引发债务型投资繁荣，从而损害金融系统的稳定性。

如前文所述，明斯基早先声称由于相对于潜在商业收益的还本付息成本上升，私人部门扩张往往伴随着私人负债和金融脆弱性的增加。相反，公共部门支出带来的经济扩张能够提供安全资产（预算赤字时发行的政府债券），从而稳固经济。

鉴于 20 世纪 90 年代克林顿繁荣时期（私人部门借贷主导的经济扩张伴随着巨额联邦预算盈余）产生的一系列问题，上述分析颇具现实意义。众所周知，正是 1996—2006 年 10 年间不断升级的举债消费最终导致了 2007 年的经济崩溃。事实上，如果不能认识到为购买住房和满足消费欲望而进行的家庭借贷行为的重要性，就不可能真正理解全球金融危机的实质。

总而言之，战后时期的主要特点就是依靠私人投资战略促进私人部门支出和经济增长。以至于在“向贫困宣战”初期，约翰逊政府依旧偏好私人部门支出战略，在 1964 年和随后两年依次通过了若干减税政策。通过鼓励私人部门支出（尤其是投资），决策者旨在刺激总收入增长。

但是这些战略对于中低收入劳动者（如工人）的境况没有任何改善作用，其实际收入在 1965—1970 年间下降了 2.5%（明斯基，1971）。之后情况更加不利，蓝领工人的工资在 1970 年后的 10 年间停滞不前。另外，私人投资战略还易于扩大收入差距、引发通胀、削弱金融系统的稳定性。

即使肯尼迪和约翰逊政府在推动战后经济增长方面颇有成效，暂时降低了 20 世纪 60 年代中期（通常被称为美国经济的“黄金时代”）的失业率，但决策者们仍旧不明白的是，“虽然政策能够拯救疲软经济使其达到持续充分就业水平，但是却无法长久维持这个状态”（明斯基，1971，p. 28）。尽管需求刺激或许能够使经济接近充分就业状态，情况却无法持续，因为这种做法会鼓励冒险投机行为，增加金融脆弱性并引发通胀。

只要决策者继续选择私人投资战略，与贫困的斗争就不会取得长足发展。更确切地讲，明斯基认为“凯恩斯主义”战略必须诉诸一种“应变”经济政策模式，即首先刺激投资带动经济增长直至通胀上升，然后转向紧缩性政策抑制经济增长以稳定通胀。

因此，尽管失业率在经济繁荣时有所下降，但衰退期将会反弹。

与此同时，金融脆弱性呈上升趋势，周期性金融危机对整个系统持续造成压力。即使政府出面干预对抗危机，也不过是鼓励更多的冒险行为。换句话说，这种政策战略易于制造通胀和增加金融系统的不稳定。

公共就业战略："最后雇主计划"

明斯基认为消费是总需求中最稳定的部分，因为家庭通常会保持一个较高的稳定消费水平。只要消费的基础是收入而不是债务，这种高消费型经济就会更加稳固。正因为如此，明斯基支持高消费型（不是高投资型[20]）的经济政策，这些政策通过增加分配体系底层群体的工资和收入来提高消费水平。

进一步讲，政府支出，尤其是工资方面的支出，应当在推动经济增长过程中发挥首要作用。这是因为主权政府能够在增加支出的同时不增加破产和违约风险，甚至出现财政赤字也不例外。相反，如果私人支出占主导地位，可能会导致家庭或企业收不抵支的状况发生，即私人负债增加，提高经济风险，因而不具备可持续性。

因此，明斯基更倾向于兼顾公平和稳定的政策。为了永久改善贫困群体收入境况，明斯基认为政策制定者必须正确应对收入分配问题："涉及收入分配及短期配套政策的'向贫困宣战'是否有必要在未来开展？"（1968，p. 328）

"如何调整和改善收入分配结构？"（明斯基，1972，p.5），对于这个问题他本人的回答是，“首先通过严格充分就业”。明斯基认为实现并维持严格充分就业是必要条件。他将严格充分就业定义为：在广泛的职业、行业和地域范围内，雇主在现行工资水平下，愿意比实际中雇用更多的工人（1965，p. 177），即工作岗位空缺数量超过了求职者数量。

这需要“比我们迄今为止见证过的更加大胆、更有想象力、更具连贯性地运用扩张性财政和货币政策来创造大量就业”（明斯基，1965，p. 175），“实现并维持严格的充分就业确实能够完成消除贫困的大部分工作”（明斯基，1968，p. 329）。在此，明斯基的政策立场与其观点是一致的：“多数处于贫困线之下或附近的群体愿意配合相关政策，因为他们能从工作中获得微薄的薪水。”我们在前文中也曾强调过这点（明斯基，1968，p. 328）。

明斯基相信：“将政府变为最后雇主是一条具有实践价值的建议。”[21]（1968，p. 338）“最后雇主计划”在近年来多次被分析者提出[22]，呼吁联邦政府出台类似公共事业振兴署、公共资源保护队和全国青年事务管理局的国家就业保障计划。[23]计划由联邦政府出资，为不熟练劳动力设置保护性工资，并调整工作岗位数量以匹配需求者。

明斯基强调只有政府才能提供具有无限弹性的劳动力需求——在合理的工资水平下，雇用任何有工作意愿的个人。这是因为政府雇用员工不以营利为目的，而私人企业则必须有利可图才能存活，因此他们只会雇用使其利润最大化的工人数量。

明斯基看到了这项建议的明显优势。

第一，他期望该计划能够消除就业岗位稀缺导致的贫困现象；相比于投资战略先提升对专业劳动力的需求，再通过涓滴效应惠及受教育和培训程度较低的群体，就业战略“接受工人最原始的状态并根据个人能力提供适当的工作岗位”（1972，p. 6）。“最后雇主计划”通过后续的在职培训提高劳动者的工作技能。

第二，如果紧俏的劳动力市场能够吸引额外劳动力进入市场，家庭平均工作人数将随之上升，部分家庭便可能因此摆脱贫困束缚。

第三，紧俏劳动力市场战略通过设置一个合理的工资水平，保持低收入工人工资增长先于高收入群体，来改善劳动者之间的收入分配结构。

第四，明斯基相信如果终止资本在收入分配中的优先地位（投资导向型策略更迎合投资者），就有可能“通过降低资本收入比重来降低劳动利润分配的不平等”（1973，p. 94）。也就是说，通过为贫困群体创造就业机会，劳动收入也会随着企业利润的增加而提高。

第五，明斯基认为转变投资导向型经济增长模式能够降低金融系统脆弱性。

第六，公共就业战略能够将政策制定者从利用税收激励吸引投资的困境中解救出来，因为该计划能够直接创造就业，而不是寄希望于通过投资导向型增长间接产生工作机会。

“最后雇主计划”比需求刺激计划更富有远见，因为它能够为所有具备劳动能力和劳动意愿的个人提供就业岗位。大量有工作意愿的人口由于没有积极寻找工作而未被计入劳动力范畴。因此，该计划带来的就业率上升幅度将会比失业率下降显示的多几个百分点。

此外，测量的失业率很可能降至 2.5%（明斯基在计算中曾使用）以下，甚至低于通常对摩擦性和结构性失业总和估计的 2%。

在研究中，我与马克－安德烈·皮金[24]合作计算出了克林顿经济涨潮期被遗忘的“潜在可雇用”人数。1999 年，年龄在 25~64 岁的可雇用工人总数超过了 1 400 万。在当时，官方对该年龄段的失业人数统计低于 400 万，或者说不到实际潜在可雇用工人数量的三分之一，官方失业数字总是大幅低估有意愿工作人口的数量。明斯基的“最后雇主计划”能够在规定的工资水平上为任何有需要的个人提供一份有偿工作。

严格充分就业的阻碍

对这个“乌托邦式”的想法，明斯基预计可能会出现反对声音，他在文章中告诫必须忽略“对支出、财政赤字和宽松货币的非理性偏见”（1965，p.176）。但是他也承认应当考虑到一些合理障碍：“若经济因素与政策目标不一致将会对计划产生阻碍，或者当计划本身存在设计缺陷时，即便从原则上讲能够实现目标，也会造成不必要的障碍冲突”（2013，p. 45）。

例如通货膨胀就是一个负面经济因素。明斯基的“政策问题”主张实现并维持“不存在价格和工资通胀”下的严格充分就业（1972，p.5），但他的反贫困计划却呼吁“迅速提高处于贫困线及以下群体的工资水平”（1965，p.183）。他意识到此类政策可能存在通胀倾向，特别是当低薪工人的生产率（每小时产出）无法跟上他们的工资增长水平时。

为了保持价格总水平相对稳定，商品和服务的价格必须受到限制。明斯基建议，高收入行业工资的“增长速度要低于其他工人生产率增长水平”（1965，p.183）。为防止企业单纯追求利润，有必要确保“寡头垄断行业的单位成本减少完全让利于客户”（1965，p.183）。因此，他认为“要实现严格充分就业，则必然要实施有效的利润和价格约束”（1972，p.6）。明斯基担心如果不考虑通胀压力，将会减弱“充分就业的政治吸引力”（2013，p.69）。

然而，在当今经济全球化背景下，通胀约束很少受到关注。

首先，全球范围内通货紧缩压力巨大，多数国家通过抑制国内需求保持贸易顺差，指望依靠美国来消化全球“过剩”产能。更重要的是，全球出口商的工资水平普遍偏低，从而压低了国际商品价格。这意味着美国企业将面临更加沉重的价格竞争。因此，即使经济增长速度加快也不会产生明显的通胀压力，例如克林顿繁荣时期和全球金融危机前的经济扩张期。

其次，技术进步和贸易限制的消除提高了国外工资的竞争力，降低了低失业率导致工资、物价螺旋上升的可能性。

最后，在克林顿繁荣时期，生产率增长恢复到正常的长期平均水平，20 世纪 70—80 年代人们对生产率增长低下的大部分担忧都消失了。[25] 事实上，从 20 世纪 70 年代中期开始，平均工资增速远远低于劳动生产率提高速度，部分原因是生产的全球化。某种程度上看，这种竞争压力使得工资与生产率增速趋同，维持温和的物价压力。

明斯基所讨论的最后一个制度障碍是汇率制度。明斯基关于反贫困政策的文章大多创作于20世纪60年代或70年代初，当时美国的国内政策因国际货币体系实行固定汇率制而受到极大限制。由于布雷顿森林体系依存于美元自由兑换黄金，决策者必须限制财政政策和货币政策操作以避免影响国际收支平衡。

明斯基写道：

> 自1958年起，在很大程度上美元本位成为国内收入增长的桎梏。由于美元在国际市场上的特殊限制，我们不存在供不应求的劳动力市场。这恰恰暗合了威廉·詹宁斯·布赖恩的说法，某种程度上可以说美国穷人背负的十字架是用黄金做成的……解决办法非常简单：摆脱金本位制。
>
> ——1965，pp. 192–193

现今美元开始实行浮动汇率，所以美国国内政策不必受限于保护外汇和黄金储备的义务。因此，实现并维持严格充分就业的主要障碍是政治意愿，而不是汇率制度。

明斯基的消除贫困策略

私人投资战略和“提高穷人素质”的政策是解决战后贫困问

题的主导策略。尽管 20 世纪 50—60 年代通常被称为美国资本主义的“黄金时代”，但要达到明斯基所谓的严格充分就业还存在着重大阻碍。

明斯基的基本论点很简单：（1）贫困主要是就业问题；（2）严格充分就业能改善底层工资收入；（3）直接就业创造计划是维持严格充分就业的必要条件。

因此，他认为直接就业创造计划是“消除贫困斗争的必要组成部分”（1965，p.175）。如明斯基所言，“罗斯福新政借助公共事业振兴署、全国青年事务管理局和公共资源保护队雇用工人并提供就业机会……因此恢复公共事业振兴署及相关项目是与贫困抗争的一项重要武器”（1965，p.195）。

不幸的是，约翰逊的《经济机会法》并没有创造可观的就业岗位。相反，“向贫困宣战”致力于提高贫困群体的劳动技能和知识水平，意图通过提供教育和培训让接近贫困和生活在贫困中的人们“永远终结贫困”。

但是，根据明斯基的观点，“教育和培训必须始于摇篮时期……错过了学前教育或其他特殊训练的穷人，除非特别幸运或天资聪颖，注定一生潦倒——这是一条死胡同”（2013，pp.115–116）。他认为提高劳动力教育水平和工作技能的措施可取，但政策目标必须重新排序，“首先，实现严格充分就业；其次，对工人进行升级改造。在这场反贫困运动中最令人担心的是，我们还没迈出第一步就已经妄图实现第二个目标；这或许有点类似棒球比赛中的重大内场失误——无球掷球”（1965，p. 200）。

我们也可以从另一个角度进行诠释，明斯基将充分就业视作“马”，技能和教育提高计划是“车”。他坚信成功的反贫困运动应当是“马”来拉“车”。

对“最后雇主计划”的补充

本章的结论部分，我们将在明斯基的研究基础上给出一个具体的方案措施。首先让我们引用一段凯恩斯的论述：

> 保守派相信，某种自然法则决定了一部分人必然要处于失业状态；而设法为失业者提供工作的举动则是“轻率的”；从财政上讲，在大多数时期内把失业人数维持在人口总数的十分之一左右是“比较合理的”。然而保守派的这一信条是荒谬的、脱离现实的，没有人会相信，除非他的头脑中多年来一直充斥着愚蠢无聊的想法……我们将试图使其相信新的就业方式能使更多的人找到工作……失业者重新回到创造财富的工作岗位，意味着国民财富的增加；那种莫名其妙地认为如果我们以这种方式来改善生活就会在财政上陷入困境的观点，简直是奇谈怪论！*

1946 年通过的《就业法案》承诺美国政府将实现高就业，后

---

* 参见约翰·梅纳德·凯恩斯，《预言与劝说》。

来《汉弗莱－霍金斯法案》（Humphrey-Hawkins Act）将失业率目标定为 3%。我们似乎认为任何接近充分就业的举措都将摧毁我们的经济，通过通胀和贬值来破坏币值，并影响我们的劳动秩序，为此我们通过强制性贫困维持高失业率。在商业周期的运行调整过程中，我们让上千万的民众无所事事，沉浸在这个仿佛具有政治、经济和社会意义的“荒唐”信念中。现实则完全不同。充分就业公认的积极意义包括以下几点：

1. 创造商品、服务和收入；
2. 在职培训和技能拓展；
3. 降低贫困；
4. 建立社区和社交网络；
5. 稳定代际关系；
6. 维持社会、政治和经济稳定；
7. 社会乘数效应（产生积极反馈的同时创建一个社会经济效益的良性动态循环）。

几乎没有比保证就业更为重要的经济政策。数十年的经验充分证明，虽然私人部门在提供就业岗位方面具有无可估量的积极贡献，但单凭其本身并不能保证充分就业。

我们提出另一种对策，即由政府充当“最后雇主”向那些具有工作意愿且接受联邦最低工资[26]和法定津贴的个人提供就业岗位。该计划适用于所有人群，无时间限制和收入、性别、受教育程度及工作经验要求。

该计划类似一个就业缓冲储备。在经济繁荣时期，雇主可招聘员工；在经济低迷期，这种“安全网”让失业者能够继续工作，维持良好习惯，奠定更好的工作基础。

该计划也可以使那些教育背景、职业培训或工作经验不足以胜任项目外工作的个人通过在职培训提高他们的就业能力。所有项目参与者的工作情况将被记录在册，以供未来雇主参考。该计划能够提供更为优质的潜在雇员，而不会带来放弃工作希望而离开劳动力市场的失业者。失业办公室将转变为就业办公室，为项目内工人寻找匹配的工作，同时帮助私人和公共部门雇主招募员工。

相关工资和津贴由联邦政府资助。工资水平会定期调整以应对通货膨胀和不断提高的平均劳动生产率，从而避免购买力下降，并使工人共享国民生产力增长所带来的收益，为此工人的实际生活水平将得以改善。我们应当为每一位劳动者谋求“基本生活工资”。

计划的管理和运作应当采取分权模式。所有州或地方政府以及注册的非营利组织均可向各州和美国领土内指定的主管办公室提出审批，哥伦比亚特区同样适用。一经批准，相关提案将交由联邦办公室做最终审批和拨款审查。同时，美国劳工部将在网站上同步更新提交、审批和运行的所有细节。计划完成后，还将在该网站上公布一份最终报告。

相关提案将根据以下标准开展评估，包括社会价值、参与者价值、计划成功实施的可能性、工人获得计划外就业机会的可能性。

计划的全部参与者都能获得一份社保码和联邦存款保险公司银行账户。工资将按周直接转入参与者的账户。[27]联邦政府还额外提供最高为支付工资总额25%的许可费用。[28]规定开销包括行政费用、材料成本和项目所需的工具、机器和设备。

参与计划的工人应当遵从一般工作规范，包括用工安全、工作纪律和申诉程序方面的规定。工人可能因故被解聘。一年内三次被解雇的员工自第三次离职后的12个月内不得继续参与该项目。允许成立工会组织。

该计划奉行的理念是“接受工人最初的状态”，但“指引他们前进的方向”。项目设计将符合工人本身的教育背景和工作技能，但在运行过程中仍将致力于提高他们的综合素质。项目提案将会征求所有社区的意见以便在每个社区雇用员工。提案应涵盖对兼职工作和其他变通灵活的规定，包括但不限于对幼龄子女家长的灵活安排。

大多数情况下，社会可免费享受推行成效。然而，应该鼓励在一定限度内开展试点，包括自产自销。例如，工人可以成立一个支付工资和津贴的劳动合作社，由联邦政府在有限时间内支付10%的日常开支和材料费，允许工人出售劳动产品以回收成本共享收益。一旦该模式可行，将逐步取消政府支持；但如果试点失败，将关闭合作社，工人则回归到常规“最后雇主计划”中。

计划支出免于预算平衡要求。不会开征新税，所有支出均来自政府的一般收入。预计总支出会占到GDP的1%~3%，而带来的经济、社会和政治利益则几倍于此。

该对策的提出基于20世纪60年代明斯基的观点。半个世纪后，如其所言，失业和贫穷依然如影随形。除非我们认真对待就业问题，否则绝不可能显著改善失业和贫困状况。套用一句克林顿总统所说的“经济才是重点，傻瓜”——“就业才是重点，傻瓜”。

第 6 章

全球金融危机

在 1987 年 5 月芝加哥联邦储备银行的银行结构与竞争年会上，在走廊里所听到的和很多演讲者所提到的流行语是“能够证券化的，将会证券化”。

——明斯基，1987[1]

世界金融结构的全球化与金融工具的证券化具有共生关系。全球化需要各国金融机构行为具有一致性，特别是债权人对于获取构成证券的基础资产方面具有一致性。

——明斯基，1987[2]

证券化反映出市场融资和银行融资比重的改变：市场融资能力相对于银行和储蓄性金融中介的融资能力有所提升。证券化发展的部分原因是出于对货币主义的滞后反应。通过抑制货币增长以对抗通货膨胀为非银行融资技术提供了发展机遇。

——明斯基，1987[3]

货币经理资本主义的出现，意味着经济中的资本发展融资相比追求短期总利润而言已经处于次要地位。

——明斯基，1992，p.32[4]

当全球金融危机来袭，很多评论者称之为“明斯基危机”或“明斯基时刻”，以此来表明其研究贡献。正如之前我们讨论过的，明斯基提出了“金融不稳定假说”，该假说描述经济从“强健的”金融结构转变成“脆弱的”金融结构。而“运行的繁荣时期”鼓励了更高的风险行为，如果金融危机被政府的快速干预所消除，那么会导致不稳定性日益加剧。

正如明斯基坚称的“稳定中蕴含着不稳定”[5]——这似乎完美描述了过去几十年里美国的经历，危机变得更加频繁而且日益严峻。我们能列举出一些实例，譬如20世纪80年代的储蓄和贷款危机、1987年的美国股灾、发展中国家债务危机（从20世纪80年代至90年代初）、长期资本市场（1998年）和安然破产事件（2001年），以及作为2007年最终“大崩溃”先兆的互联网泡沫（2000—2001年）等。[6]

每次危机都引来美国政府干预，以避免金融市场或者经济（尽管有的时候，危机后紧接着会出现经济衰退）出现螺旋式下降。实际上，自互联网危机后，人们认为美国已经进入新的大缓和时代[7]，不可能发生严重的经济低迷。这种观念鼓励了更多的风险，更多的财务分层以及更大的杠杆水平（以债务为基础再发行债务凭证，但背后的净值很低）。这种危险融资结构的所有特征均符合明斯基关于日益增加的金融不稳定的有关论断。

因此，虽然我们赞许明斯基的预见性，但也应该分析明斯基的后期著作，其中他提出了研究金融体系长期转型的“阶段”方法。

金融资本主义和管理福利国家资本主义

明斯基在 20 世纪 80 年代末以及 90 年代的著作集中研究了自 19 世纪末以来的金融体系长期转型。从某种意义上说，他重新使用了他的论文导师约瑟夫·熊彼特所提出的演进方法。我们简单介绍下主要阶段。

商业资本主义。首先是商业资本主义阶段，商业银行占据主导地位，如第 4 章所述。这一阶段，银行对于生产融资本身是非常重要的，向公司提供贷款才能使公司雇用劳动力并购买生产所需的原材料。

投资物品大部分用公司所有者的内部资金购买。然而，随着投资变得日益昂贵，所有者必须寻找外部资金支持。这导致了对另一个不同类型的金融机构服务的需求，即投资银行。如之前讨论的，投资银行或直接提供长期融资，或为投资公司发行债券或股票。

金融资本主义[8]。在20世纪早期，一种新型的资本主义，即被鲁道夫·希法亭命名的“金融资本主义”产生了，该阶段投资银行是为公司提供融资的主要力量。这种发展变化使得钢铁和能源等公司能够为昂贵的建设项目、“强盗资本家”能够为所拥有的铁路建设项目获得外部融资。

随着股票和债券在国际市场销售，金融在很大程度上变得“全球化”。投资银行在帮助“委托人”巩固势力和垄断市场方面发挥着重要作用。事实上，为了通过投资银行获取长期的外部融资，借款人需要市场势力，否则放贷的风险过大。借款公司需要证明它们有足够的定价能力来偿还为长期复杂的工厂设备融资而发行的长期债务。铁路建设是个很好的例子：在全球市场发行浮动债券，为昂贵的、长期性的基础设施进行融资。

至20世纪20年代末期，投资银行投入大量精力对金融资产投机提供融资，特别是对于投资银行下属的信托子公司提供股权融资。实际上，这就是金字塔计划——对本身没有价值的股票进行投机，类似臭名昭著的“庞氏骗局”或者伯纳德·麦道夫骗局。[9]

管理福利国家资本主义[10]。不管怎样，明斯基都认为，大萧条终结了金融资本主义阶段，开启了一个更加稳定的时代，金融部门实施新政改革，而且联邦政府在经济管理方面扮演更重要的角色。明斯基称之为“管理福利国家资本主义”，其中大银行和大政府共同促进经济稳定增长，实现高就业，提高工资水平以减少社会不平等。美国进入了经济发展的“黄金时代”，该阶段从第二次世界大战结束后一直持续到20世纪70年代初。

但问题是"稳定中蕴含着不稳定"——因为没有出现经济深度衰退和严重的金融危机，金融创新层出不穷，金融不稳定性日益加剧。此外，还因为保守派的政治家和经济学家逐步削弱了旨在推动经济增长并提供社会保护的新政改革力度，这部分原因我们在此不展开介绍。1974 年后，男性劳动力的收入中值停止增长并开始下滑，因为工人们失去了工会的有效保护，社会安全网络被摧毁，而失业——政策制定者用于抑制通货膨胀的工具——成为必然结果。金融机构放松管制与监管，而它们的实力以自我强化的方式不断提升：因为它们能获得大量利润，因此它们的政治影响力也不断提高，从而有可能进一步摆脱管制，以便获取更大份额的利润。

向不稳定的长期转变。这种转变有多个层面，明斯基当然不是唯一注意到该现象的学者。有人称之为"赌博资本主义"的兴起，而很多学者将其界定为"金融化"[11]。很重要的一点是，这类似希法亭所提出的"金融资本主义"—— 其中有对投资银行和商业银行带来挑战的所谓"非银行的银行"机构，即后来所说的"影子银行"的兴起。这种发展变化也为进一步放弃新政改革提供了理由，这样银行才能与新的抢夺业务的入侵者开展竞争。这是个大话题，但重要的是当影子银行将金融实践推向新的前沿时，商业银行和管制较少的投资银行坚持认为，它们必须照样行事。

同时，激励和回报机制也出现变化，以至于风险赌注、高杠杆比率以及短期利润凌驾于公司的长期生存和投资者回报之上。很多操作实践没有任何社会目的，只是让金融机构的高级管理层变得极其富有。能说明这种变化的一个良好例证是，历史悠久的投资银行如高盛等将公司从合伙制转为公众持有公司，雇用了薪酬丰厚的管理层。

尽管结构和操作有所差异，但结果是类似的，与导致 1929 年“大萧条”的原因类似,形成了高级管理层对股票期权“拉高出仓”的激励机制，先拉高资产和股权价格，随后在投机泡沫破裂前抛售它们所持有的股票。

我们在 21 世纪初所见到的是三种情况同时出现，这使得最大的金融机构也变得极其危险：“拉高出仓”战略再次出现，从而盘剥客户和股东；从合伙制转成公司制，这加剧了代理问题（机构运营是为了满足管理层而非股东的利益）；注重短期绩效，对管理者支付过高薪酬（如给他们回报股权），造成他们更可能“欺骗”或者通过其他方式谋取巨额奖金。

货币经理资本主义

明斯基将这个新阶段称为“货币经理资本主义”。这种称谓使我们注意到该阶段的特征：大量资金池由专业机构管理，包括养老基金、主权财富基金、对冲基金、大学捐赠基金、公司资金管理机构等。[12]

每位货币经理必须实现平均回报以维持客户，而这在统计学上是不可行的。然而，由于这种激励机制以及实际操作中政府对影子银行疏于监管，不仅产生了风险行为，而且产生了一些不道德的行为。

明斯基认为，这类管理基金的发展得益于早期管理福利国家资本主义的成功。经济远离衰退并实现了较好增长,而且政策（如免税政策）也较好支持了私有基金的发展，因此财富增长超过了整个战后时期。尽管金融危机来临并减少了部分财富，但每次危机都没有失控，因此大部分财富得以保留并在经济复苏期重新实现快速增长。

实际上该阶段最重要的变化是权力从银行转移到较少受监管的"影子银行"类的"货币管理者"。为了竞争，银行需要通过创新规避监管,并在法律上减少管制。这种变化允许银行提高杠杆率，而风险也随之增长，从而与影子银行的实践操作保持同步。

实践操作中存在"格雷欣法则"[13]：那些能迅速降低资本比率[14]和损失准备金比率的机构能够增加净收入，进而给管理层和投资者带来丰厚回报。

此外，股价最大化也成为管理层的主要目标之一，该目标理论上能整合统一股东和以股权作为薪酬激励的高级管理层的利益。该机制也进一步导致短期更加关注股票市场的表现，如同我们在 1929 年已经发现的，人们通过市场操纵而获益（既包括合法操作，也包括非法操纵）。而且，高级管理层一旦行使股票期权，那么"拉高出仓"行为就很常见。利用这种方式，他们能赚取上千万美元，甚至更多。

但问题随之而来，受托管理下的财富金额远远超过了社会有效投资金额。为了保证高收益，货币管理者和银行家不得不更多运用金融投机，这不仅仅没有服务于公众目标，反而明显背离公众目标。

例如，对商品市场的指数投机逐步流行，推高全球能源和食品价格，导致世界上有很多人忍受饥饿甚至饿死。[15] 互联网泡沫也是一个例子。投机者推高了没有实际运营或没有预期收益的互联网公司的股价。随着股价不可避免下挫，数以千亿的美元财富被洗劫一空。

另一个与公共利益相悖的投机实例是美国始于2000年前的房地产繁荣，该泡沫最终在2007年破裂，成为全球金融危机的导火索。这是美国历史上最大的投机泡沫，货币管理者在背后推动，创造出各种用于投机赌博的复杂证券和金融衍生品，其中很多产品直到房屋所有者违约并抵押房屋才能真正还清债务。

新政的失败和不稳定的产生

明斯基认为不断加剧的经济不稳定与货币管理者发展阶段相关。[16] 正如之前讨论过的，在20世纪60年代他反对肯尼迪和约翰逊提出的“向贫困宣战”，因为该观点更多强调福利和培训，而非创造更多的就业岗位。而且，与大部分凯恩斯主义经济学家不同，明斯基反对推动投资类的政策以及通过“拉高”总需求来实现充分就业的其他利好性政策，譬如“军事凯恩斯主义”，即刺激国防部门的支出以期该部门的工人开支能给其他部门创造就业。

明斯基从不相信“水涨船高”这种事。相反，他支持目标明确的开支计划，类似新政的政府就业创造计划（模仿事业振兴署，在 20 世纪 30 年代创造了 800 万个就业岗位），以及对工人消费的鼓励措施。他所提出的政策建议均是基于自身理论。

首先，他担心典型的“凯恩斯”政策在远未实现充分就业之前，就已经引发通货膨胀，因为这类政策会令最先进的部门（如国防产业，高度统一化和垄断化）面临就业和产出瓶颈。进而，通货膨胀会诱发“应变”政策，每次通货膨胀加剧时政府就会有目的地减缓经济增长并提高失业水平。

其次，与此相关，手头宽裕的工人会发现收入所得受到凯恩斯刺激政策影响，这更加剧了工人之间的不平等。总需求刺激可能使经济实力更强的部门和工人更多受益，技能较弱的工人会落后。

最后，他认为，对失业者提供福利和培训而非就业岗位是徒然无用的，会造成“本末倒置”。这如同告诉贫困者和失业者，在找到工作之前必须提高自身技能、教育和培训，甚至于改变自身性格。[17] 这无异于对尚未存在的工作展开培训。

时间能证明明斯基的正确性。1970 年后，各阶层之间的不平等加剧。随着失业率的增加，这种态势进一步加剧，至少延续到克林顿总统那一轮的繁荣与萧条周期。但是，在推出 10 年的社会改进举措后（1996—2006 年，失业率趋于降低，经济增速略有好转，贫困人口不再增加），全球金融危机导致了大规模的失业，贫困人口增多，而社会不平等达到历史最高点。

明斯基相信货币经理资本主义的发展加剧了不安全性。杠杆收购就是个很好的例证，因为管理类的资金能通过发行债务凭证而购买“现金牛”（基本没有负债的公司），并剥离最好的资产用于销售，随后通过大幅降低工资和福利以及解雇员工来削减公司规模。因此，明斯基担心，“几乎所有层级的工人都面临不安全，因为部门被整体收购并出售，而且公司董事会长期需要削减管理费用，购买最便宜的可变投入”（明斯基和惠伦，1996，p.6）。

随着家长式的（或者管理福利）资本主义阶段的终结，“很多家庭无法区别衰退与复苏”（明斯基和惠伦，1996，p.7）。即使在“良好时期”，工资也基本不上涨，人们担心失业；更多的工人不得不从事几份工作来维持收支平衡，而大部分家庭需要不止一个人挣钱才能养家糊口。明斯基引用了 1994 年《美国新闻和世界报道》的一篇文章，该报道这样写：“57% 的受访人称美国梦对大部分家庭而言遥不可及，而超过三分之二的人担心他们的孩子过得不如他们好。”（明斯基和惠伦，1996，p.8）

明斯基完成上述写作后不久就离世了。当克林顿总统 1992 年赢得大选，他一直充满希望。然而直至 1996 年，明斯基开始担心货币经理资本主义通过减少就业和削减工资，面临“竞次”（race to the bottom）问题。讽刺的是，新一轮经济繁荣已经出现征兆（被称为温和经济，因为经济增速足以创造就业但不至于产生通货膨胀），这似乎使美国重现了 20 世纪 60 年代的增长。

但是，表象可能具有欺骗性！正如我们现在清楚了解到的，温和经济因华尔街的过度贪婪催生了泡沫。在 2000 年，经济裹足不前，但随后自 21 世纪头 10 年的中期直到全球金融危机爆发前，经济受房地产和商品市场泡沫的刺激又出现复苏。让我们来看看哪里出错了？

金融泡沫、温和增长与政府预算

自 20 世纪 80 年代起，金融部门相比非金融部门（制造业、农业和非金融服务业,包括政府）增长得更快。直至全球金融危机前，金融部门占美国国内增加值的 20% 以及 40% 的公司利润。独立来看，这是自发性增长，也会因为高薪酬而产生不平等。精英大学中半数毕业生在金融部门就业，因为金融部门的回报明显高于其他部门。[18] 高职位的薪酬更是激增。

这一现象在克林顿总统时期更加明显，工人收入增长滞后，美国制造业就业人数减少，而金融部门对于 20 世纪 90 年代的克林顿时期经济复苏发挥着更显著的作用。实际上，经济增长是足够强劲的，高层收入的提高也推动联邦政府税收收入快速增加。

在克林顿总统第二任期内，联邦政府预算自 20 世纪 20 年代首次实现明显盈余。尽管大部分经济学家认为这是好事，并对政府预算盈余能至少持续 15 年、能偿还所有联邦债务的规划持赞扬态度，但是利维经济研究所的几位经济学家认为，盈余是短暂的，繁荣时期会结束，随后会出现深度衰退。[19]

原因如下。韦恩 · 戈德利在利维经济研究所基于核算恒等式开创了宏观分析的“三部门均衡法”，即国内私人部门、政府部门和国外部门的余额总和必须为零。尽管其中任一部门可能会盈余，但至少有一个部门应该为赤字。

以美国为例，在20世纪90年代末期，政府部门盈余大约为GDP的2.5%，国外结存约为GDP的4%（意味着美国为贸易逆差，世界其他国家为盈余）。按照恒等原则，美国私人部门赤字约为GDP的6.5%（等于前两者之和）。换言之，私人部门每取得100美元收入却花费了106.5美元。每年私人部门的支出超过收入，债务负担日益加重。

这是货币经理资本主义的阴暗面：受托管的金融资产的增长等于某些人金融债务的增长。（对于每种金融资产，必然有等价的金融债务。）在利维经济研究所，我们相信私人部门债务负担太大，会导致借款和开支减少。随后经济会滑入衰退。这又进而导致失业，并造成某些债务出现违约。我们认为这会引发严重的金融危机。

在2000年初，危机似乎就出现了，但并没有我们想象的那般严重。互联网泡沫破裂，股市下挫。私人部门紧缩开支，支出低于收入，而克林顿的预算盈余也变为赤字。正如我们预期的，随着预算赤字不断扩大，美联储降低利率以应对危机。

随后一些振奋人心的事情出现了：美国消费者重新开始借款，甚至比克林顿繁荣时期的借款力度更大。很多人借款是为了购买房屋或者通过“套现股权融资”（对房屋进行第二次抵押）购买大宗消费品。

也就是说，美国房地产进入繁荣时期。从1996年到2006年，美国家庭支出超过收入，只有在2000年衰退时例外。这种情况之前从未出现过。[20]这与货币管理者的帮助和怂恿不无关系，造成房屋所有者大量持有高风险的住房抵押贷款债务，这种债务随后经过证券化被销售，成为货币管理者的投资组合。

至 2007 年，美国总债务占 GDP 的比率达到 500% 的历史峰值，即只有 1 美元的收入，却有 5 美元的债务。[21] 尽管刚进入 21 世纪时，外界讨论主要关注政府债务比例，但家庭债务、非金融企业债务和金融企业债务占 GDP 的比重均更大。

非金融企业债务尽管规模大但实际上问题并不严重，因为这类负债主要是资本设备的长期融资所形成的——2000 年后，美国非金融企业实质上并不大量借款。显然，家庭债务是个大问题，全球金融危机过去 5 年后，家庭债务依旧令消费者感到沉重，经济复苏变得缓慢。

然而罕见的、长期被忽视的一个大问题是金融部门的负债水平增加，前所未有达到 GDP 的 125%。下一章我们会讨论，这是经济“金融化”的一个表现。随着金融机构对另一金融机构发行负债以购买各种深奥的、危险的高风险资产，金融机构的债务越滚越大，它们购买的资产包括垃圾债券，还有品目繁多的金融衍生品，这不亚于赌博。

克林顿执政时期形成的最大政治问题是，我们吸收借鉴了错误的经验。克林顿政府和很多民主党人士依旧相信，预算盈余对于经济有益；实际上，他们认为温和增长是政府预算盈余的结果，而 2000 年经济衰退后布什政府赤字恰恰说明预算管理不当。当全球金融危机最终重创经济时，他们与共和党一起保证财政预算稳定，因为他们相信预算赤字过大是危险的。

当经济减缓令税收收入自 2008 年起开始降低后，新一届奥巴马政府发现预算赤字剧增到 GDP 的 10% ——第二次世界大战后的最高值。这种扩张使外界对赤字更加担心，恰当规模的财政激励举措也很难获得支持。[22] 因此，经济无法强劲复苏。

我们应该吸收借鉴的正确经验是利维经济研究所所宣扬的，基于明斯基和戈德利的观点：克林顿时期的政府盈余是危险的，因为这暗示着私人部门面临无法维系的赤字。经济增长是因为受到泡沫特别是房地产泡沫的刺激，这种增长模式要求私人部门债务不断增加。一旦私人债务过多，消费者停止借款，泡沫最终就会破裂。

不断增加的大政府预算赤字不会带来危险，而是阻止全球金融危机恶化演变成为另一场大萧条的必要手段。无论如何，必须加大财政刺激以积极推动经济复苏。但是这不会发生，因为经济学家和政策制定者吸取的是克林顿执政时期的错误经验。当年强劲的经济增长推动税收收入提高，并导致不可持续的大量预算盈余。盈余之所以不可持续是因为这要求私人部门赤字，给私人部门带来过度负债。

金融化、分层与流动性

我们需要理解货币经理资本主义产生的另一个重要因素。早前，我们提到金融部门负债高达 GDP 的 125%。这是一家金融机构对另一家的负债。很多是短期负债，甚至是隔夜负债。这是很多经济学家目前已经辨识出的“金融化”和“分层化”，即根据债务再发行债务。我们来具体解析一下。

金融部门当时所做的是将资金来源从存款（活期存款和储蓄存款）转变为通过发行短期非存款性的、被另一家金融机构持有的（大部分为影子银行）负债，为资产提供融资。也就是说，这并非银行对居民的负债（活期和定期存款），而是银行对其他金融机构——通常是影子银行的债务。影子银行可能对其他金融机构负债,此类金融机构对居民提供“类似存款”的负债。在这种情况下，银行和居民之间形成了两层金融机构债务。

过去，银行会发放贷款（如对公司的商业贷款或对购房者的抵押贷款）并出具存款凭证（对公司或居民）。这种情况下，银行通过对居民或公司出具存款凭证来直接对贷款提供融资。该模式下不存在分层，即不对其他金融机构发行负债来为贷款（资产）头寸融资。尽管贷款可能具有风险，但存款没有风险。居民银行存款受到政府保护（联邦存款保险公司保险），当银行需要应对居民提取存款时，它们也有美联储的通畅支持渠道。因此，银行存款挤兑实际上是过去可能面临的问题，现在的美国基本不存在此问题。银行存款是银行用于投放贷款、购买住房抵押贷款支撑证券（MBSs）或其他资产的稳定资金来源。

分层的一个例子如下。一家银行目前通过发行短期非存款类负债如商业票据，来购买 MBSs 和其他资产，而商业票据可能被货币市场互助基金购买，其对公司和居民发行类似存款的负债。由于银行融资来源是短期的（常常为隔夜），银行需要在负债到期后（如隔天早上）不断“滚动续发”。因此，可能存在货币市场互助基金拒绝滚动续发，坚持要求提取现金的情况。这等同于“银行挤兑”，只不过不是对存款而是对短期非存款性负债。（实际操作中更加复杂，因为可能存在几个分层和更为复杂的金融工具，包括衍生品抵押保险。）

上述操作存在一个问题：一旦美国住房抵押贷款市场挫败，MBSs 的市场价格下挫等坏消息频出，居民并不需要担心他们受到保护的存款。但是货币市场互助基金会担心银行发行的不受存款保护的商业票据——如果 MBSs 资产不良，则银行会面临困境，其商业票据也具有风险。这导致了对商业票据和其他所有非存款负债的挤兑，意味着银行对其头寸（MBSs 和其他资产）面临再融资障碍。银行不能简单抛售 MBSs，因为这类证券此时缺乏市场价值（没人能获得短期融资来购买 MBSs）。

货币市场互助基金遭受资产损失，因为贱卖资产下挫了资产价格。这使外界担心他们的资产可能“跌破面值”。因此，货币市场互助基金的“存款”持有者开始抛售，因为这类证券不受存款保护——在危机中这类证券不再类似传统银行存款。

市场上突然出现了“流动性危机”——对流动性最强和最安全资产（受保护的存款和联邦政府债券）出现挤兑，以及对所有其他债务的挤兑。

因为金融机构对彼此间的借款高度依赖，但它们之间不再相互信任，因此全球整体金融体系出现流动性枯竭。如果没有政府干预，所有金融机构均不得不“出售头寸以闭合头寸”，正如明斯基所言，这意味着出售资产，因为它们无法为其提供融资。

这种情况会导致费雪和明斯基所提出的债务紧缩，因为没有购买者，金融资产价格会重挫。这也正是 20 世纪 30 年代所发生的危机，它又在 2007—2008 年再次出现。

全球金融危机的政策应对

明斯基认为，大银行和大政府是大萧条为我们留下的长久典范，有助于抑制市场经济的内生不稳定性。在低迷时期，预算会转成赤字，而中央银行会成为最后贷款人。

因为部分支出增加（即失业补偿）以应对不断提高的失业率以及税收随着收入下降而不断下降，或多或少会自动出现预算赤字。大政府的影响力也因自由裁量支出增加或减税而得以进一步强化，这被称为财政激励措施。当全球金融危机来临，新一届奥巴马政府在两年内实施了高达 8 000 亿美元的财政激励计划。

此外，自动稳定器造成预算赤字更大，财政赤字最高时每年达到 1 万亿美元。虽然很多观察者认为财政激励政策依旧太少，但可以肯定如果没有逆周期的政府预算，经济形势会更加恶化。

虽然美联储并没有自动应对金融危机，但最后贷款人操作是相对流程化的。一个多世纪以来人们始终认为中央银行必须在危机时作为“最后贷款人”实施干预。沃尔特·白之浩[23]认为对银行良好抵押品以惩罚性利率[24]提供无限额的贷款，是有效阻止银行挤兑的政策举措。这种方式能令银行充分应对提款需求从而终止挤兑。如果紧急贷款外再补充存款保险制度，那么活期存款挤兑实际上也停止了。[25]

然而，正如我们已经讨论过的，银行越来越多地通过综合运用被保存款和发行短期非存款性负债的方式来为资产头寸融资。因此，全球金融危机实际上是由对非存款类负债的挤兑所引发的，这类负债大部分由其他金融机构持有。对偿付能力的担忧导致短期负债无法续发，这迫使机构只能出售资产。事实上，这不是简单的流动性危机而是因为高风险甚至很多欺诈操作所引发的偿付能力危机。[26]

政府对陷入困境的破产银行的救助方法与应对流动性危机存在很大差异。通常，政府会逐步介入，并控制破产机构，置换管理层，随后开始处置。在美国，必须确保财政部的处置成本最小（联邦存款保险公司有处置损失基金，因此受保存款者能得到美元偿付）。通常，股东会遭受损失，同时未投保的贷款方也会遭受损失，在全球金融危机下贷款方包括其他金融机构。[27]

然而，与其说处置那些可能破产的机构，美联储与财政部合作，试图开始救助——购买问题资产，再注资，以及为其提供长期贷款。但是，危机继续升级，风险溢出传导给包括“单一金融产品保险机构”（提供私人抵押住房贷款保险的专业性机构）在内的证券承保方，以及美国国际保险集团（AIG，提供“信用违约互换”保险），随后传染至所有的投资银行，最后甚至包括大型的商业银行也受到影响。[28]

因为国会拒绝提供更多资金[29]，美联储和财政部想到了另一个方法。“救助”的特点是“通过契约开展交易”，而财政部和美联储常会突破法律边界，秘密、冷静地协调处理。尽管按照市场规则应关闭破产金融机构，但政府通常会另寻方法维持其运转。[30]

这次处理危机的非常规方法是，美联储创造出特别融资便利提供贷款援助并购买问题资产（购买机构甚至个人的问题资产以提供融资）。美联储的对策远远超过了传统最后贷款人的职责范畴。

首先，接受最多援助资金的机构可能面临破产。其次，美联储对不属于援助范围的非成员金融机构提供了融资（对金融市场也提供融资以支持特定金融工具）。为此，美联储必须按照《美联储法案》特殊规定执行，其中部分操作自大萧条以来从未使用过。

如果我们将美联储通过特别融资便利提供贷款的金额累计加总以估算美联储救助规模，包括特别融资便利为了应对危机在整个生命周期中所生成的每笔新贷款，会发现这次干预创空前纪录。美联储的干预无论在规模上还是时间跨度上均是空前的，自2011年11月起累计发放贷款超过29万亿美元。[31]借款人主要是大型金融机构（包括外资银行），以及外国中央银行。

这些大银行大多数在两年或者超过两年的时间内多次借款。它们一天又一天、一年又一年多次从美联储借款，主要有两个原因。第一，它们面临市场融资困难，市场担心它们并不健康、充满风险。第二，美联储收取极低的利率——明显低于市场利率。高度补贴的贷款利率对大银行而言也代表着另一种形式的救助，因为这些贷款的利息少于它们在资产上的投资收益，能为其带来利润并重塑健康。

最后，随着特别融资便利逐步收紧，美联储又推出新计划——

量化宽松（QE）。通过该政策，美联储开始了新一轮的疯狂购买计划，随着危机持续，其资产负债表规模从危机前的 1 万亿美元以下飙升到 4.5 万亿美元；随着美联储资产负债表膨胀，银行准备金也提高了大致相同的金额。美联储通过 QE 购买了除国库券之外的大量资产——美联储购买了问题抵押贷款支持证券。在 2008 年初，美联储的资产负债表规模是 9 260 亿美元，其中 80% 的资产为美国国库券；但是在 2010 年 11 月，其资产负债表规模已经达到了 2.3 万亿美元，其中近一半资产是 MBSs。

如何应对危机

令人惊奇的是，尽管美联储和财政部大力干预以救助步入困境的金融机构，但是国会没有批准实施任何重大的金融改革（我们不在此对《多德 – 弗兰克法案》做详细讨论，但是相关举措是滞后的，改革力度较弱，实施中力度更加弱化）。[32]

这与 20 世纪 30 年代不同，当时金融体系历经完全改造。如果银行从事过度风险行为导致金融体系崩溃后被救助，那银行应该学会什么？它们可能学到的是这些结果无关紧要，而国会会救助它们。总而言之，救助导致了道德风险。

究竟应该怎样做呢？如果我们按照美国的常规做法，我们已经对问题银行展开处置。美国联邦存款保险公司已经介入（如果机构有投保存款），无论如何，已经根据现存法律对金融机构开展处置——按照财政成本最小化，并避免金融部门过度集中的原则。

《多德－弗兰克法案》在某些方面编纂了有关流程（立下“生前遗嘱”等），但是目前看这类举措可能无法实施，而且即便能完全实施，这类举措能否成为应对金融危机的最佳方法也存在争议。

现在分析下明斯基对于金融体系的救助会十分有趣。毫无疑问，他认为大政府的赤字对于确保经济不再一次螺旋下降进入大萧条具有举足轻重的作用。他可能还认为积极的财政政策能有效减少损失，甚至能减少财政赤字。

预算赤字可以是“有益的”或是“不利的”。如果政府发现经济正在滑入深度衰退，政府能运用自由裁量政策以扩大支出、减少税收。如果财政刺激政策及时，政府能防止失业率上升过高而造成税收收入暴跌。无论如何，小预算赤字足以支撑利润、收入和就业——使经济回调。

但是，如果刺激政策不足或者时机过迟，则经济下滑可能会更具毁灭性——失业率提高到两位数，利润暴跌。如果市场悲观情绪严重，私人支出会受到抑制，预算赤字会增加（税收收入减少，而社会支出增加）。

以全球金融危机的政府对策为例，赤字增加既有有利因素也有不利因素。正如之前讨论的，国会通过了一项两年内金额高达 8 000 亿美元的财政刺激政策，这可能是“有益”的赤字。然而，赤字增加的大部分方式却是“不利的”——随着对失业补偿、食品券的支出增加而增加，即使居高不下的失业率造成税收收入下滑也如此。

下面来分析下大银行，明斯基对此可能也存在两方面的看法。

他一直认为在危机中，中央银行应该立即、无限制地提供流动性。他还提倡将最后贷款人援助拓展至“非银行的银行”，即我们现在所称的影子银行。这正是美联储此次通过特别融资便利所开展的举措。他可能会支持美联储的广义流动性支持。

明斯基会指责美联储过太久才决定怎样对市场提供流动性。在大多数情况下，美联储通过特别融资便利发放贷款，对出价人按拍卖中的模拟利率拍卖预定金额的贷款。事实上，这等同于数量控制，尽管美联储会在另一场拍卖中提供更多的资金。

明斯基可能想知道美联储为何不清楚应该以通知“价格”（利率）对市场无限制地提供资金，而非定量供给，并对借款者愿意支付的利率采取投标。此外，他可能指责美联储拍卖资金而非促使借款者使用贴现窗口。我们在下一章会看到，相比美联储通过资产购买公开市场操作对金融机构提供准备金，明斯基更加支持贴现窗口贷款。因为美联储能利用贴现窗口掌握借款金融机构的账户（资产负债表）情况。

表面看，美联储设计了拍卖程序，因为担心如果金融机构在贴现窗口借款，市场会将此视为借款者存在困难的信号。这可能影响股票价格以及信用等级，导致它们更难在私有市场上筹措资金。毫无疑问这种担心有一定的道理。

然而，在流动性危机中，金融体系中的大量机构同时面临困境。考虑到金融体系的分层化，这在2007年以前是绝对真实的。既然金融机构彼此欠款，如果一家机构无法筹集资金，那么也就无法对另一家机构偿付，这会导致连锁反应或者说二次效应，因为所有金融机构同时面临融资困境。这种现象恰好说明了为什么明斯基主张应该在整个金融体系提供贷款。相比拍卖准备金，他会广泛提供贴现窗口，以美联储预定利率无限制地提供准备金。

明斯基可能反对“救助”，因为看上去美联储和财政部正在试图挽救那些资不抵债的金融机构。回顾 20 世纪 80 年代的储蓄和贷款危机，明斯基回忆了罗斯福总统在 20 世纪 30 年代处置破产银行的办法。罗斯福首先强制推行了“银行假期”，要求所有银行暂时关闭。他委任杰西 · 琼斯对再营业的银行实施监管。健康的银行很快再营业，而没有希望的银行就永久关闭。

允许有复苏希望的银行重新营业，但是高级管理层必须替换，而且必须在政府注资之后。这种方法类似对有无法生存的问题但仍有赎回价值的银行进行“国有化”。令人惊奇的是，这种处置非常成功，大部分国有化的银行重新复活，并对政府所提供股权资金予以盈利性的偿还。

明斯基于 1996 年去世，我们永远无法了解他是否会建议在全球金融危机中推行类似的政策，但是之前我们分析的建议有很大可能性。我们能确认的是明斯基不会通过对大型银行和导致危机的风险行为开展救助从而“重新启动”货币经理资本主义。

明斯基一直认为，深度金融危机及大萧条带来的一件好事是“净化”了体系的债务和风险操作。过度负债的公司和金融机构会倒闭，而经济复苏后那些导致其破产的风险操作也会不复存在。

这并非意味着明斯基欢迎危机，危机的经济成本过大。在大银行和大政府时代，我们不曾遭遇任何萧条，明斯基认为这是好事。

正如之前强调的，明斯基会称赞这次为了避免再一次进入大萧条所实施的大银行和大政府举措。

然而，他可能担心如果对导致这场危机的那些庞然大物实施救助，那么人们不会吸取经验。在危机过去的若干年后，金融机构会开展很多类似的危险操作。货币经理资本主义事实上又得到重建——基本没有任何实质性改革。

下一章，我们会解读明斯基关于金融部门的改革建议。在最后一章，我们会分析其建议以构建更好的资本主义。

第 7 章

金融改革

美联储政策的唯一基本准则是不能被任何普遍准则所支配。

——明斯基，1977，p. 152[1]

当美国不断努力，试图解决金融体系的问题时，所有提议者均需要首先回答三个问题："需要破除什么？""提案背后的经济理论基础是什么？""如果没有废除某项制度，其不良后果是什么？或者所提建议的优点是什么？"

——明斯基，1992，p. 3[2]

在这一章中，我们研究明斯基关于金融改革的建议。首先，我们观察审慎银行家的良好银行操守。其次，我们研究一个服务运作良好的经济所需要的金融服务。最后，我们总结出能减轻金融脆弱性的改革建议。

好银行：一个审慎银行家的做法

在第 4 章，我们研究了明斯基对银行业的观点。正如他指出的，银行接受借款客户的借据，并对客户发行银行借据以便付款。我们称第一步为“贷款”，第二步为“创造存款”。

一个好的银行家是一个好的审贷员，这意味着银行家要善于评估借款人的信誉。只有当借款人可以负担贷款、偿还利息和本金时，银行才是成功的。银行以高杠杆率经营（即很少用自己的钱），这意味着其资本充足率通常远低于 10%。资本要覆盖亏损，这就要求贷款违约率很低。银行不应该像赌博，因为银行需要大约 98% 的“赢”概率，而一个赌局如果赢了 52% 的赌注就可以赚钱。

银行以几种不同的方式降低风险。第一，它们在审贷方面发展专业知识。第二，它们发展与其借款人的人际关系，这有助于帮助它们决定何时有意义地与债务人合作。有时这可能意味着允许逾期付款或债务重组（更长的期限或更低的利率）。第三，它们保持贷款损失准备金和资本以缓冲损失，以便其在一些贷款违约时可以避免破产。第四，它们的资产组合中有一部分安全的流动性资产，如果需要应对取款需求或遇到其他短期负债方面的周转困难，那么可以出售流动性资产。第五，它们可以求助中央银行，当银行自身的流动性缓冲资金不足时，中央银行将作为最后贷款人。第六，政府存款保险大大降低了存款人的挤兑冲动，即使当他们遇到一个经营困难的银行时。第四至第六提到的这三个因素综合在一起可以帮助一家银行继续为贷款和其他资产融资，即使这些货款质量并不可信。反过来，这将减少以打折价出售问题资产的必要性，打折出售资产会导致银行破产（如资产的价值下降至低于银行的负债，资本将消耗完）。

这让我们关注银行和政府监管机构之间的关系。存款保险制度和中央银行作为最后贷款人的双重政府支持，意味着丧失清偿能力的银行可以继续接受存款和发放贷款。市场纪律将不会关闭丧失清偿能力的银行。这与没有政府支持的私人公司的经营情况有很大的不同——如果它无力偿债，其股价将下跌，可能面临债权人索偿，债权人期望至少能回收部分资金。该公司将被迫进入破产法庭。因此，受到监管的银行不是真的受市场纪律的支配，而是受监管机构的支配。

允许破产银行继续经营被称为“监管容忍”，它是在政府监管者的处置之下，可以通过暗示无视银行的资产负债表这样简单的操作。正如我们之前看到的，政府也可以选择通过向银行注入资本使之“国有化”（使其有清偿能力）。或者，政府可能选择让银行的债权人（被保险的存款人除外）承担一定损失，以“处置”一个破产的银行。

监管层通常似乎含蓄甚至明确地采取了一种“大而不能倒”（TBTF）的准则，正是基于这样的理念：有些银行太重要、规模太大，或者与其他金融机构关联太密切，所以不能破产。这是最大的支持！不被允许破产的机构，不必担心例如贷款审核、贷款损失准备金、杠杆比率、流动资产之类的事情。所有这些事项都有监管机构的支持。

不言而喻，一个“大而不能倒”的银行不可能是一个运行很好的银行！它像一个富人爸爸，给一个16岁的孩子一串法拉利跑车的钥匙，并为所有车险、超速罚单和法院的传票提供后援保险。你可以大胆地假设，在第一种情况下，TBTF银行可能需要救助；而在第二种情况下，孩子可能需要免于责罚的通行证。如果你看过《华尔街之狼》这部电影，你会记住这一幕，莱昂纳多·迪卡普里奥扮演的角色性格怪异而鲁莽，吃着安眠药驾驶。这就是最高管理层在这几年中如何管理美国的六大TBTF金融机构并最终导致危机的形象写照。山姆大叔，你能担负起29万亿美元的救助资金吗？[3]

除去TBTF银行，监管机构应如何评估一家银行的健康状况呢？明斯基自20世纪50年代末就致力于改善银行评估。首先，有必要知道银行业务是追求利润的业务：

> 商业银行是一家企业。其管理目的类似任何其他企业管理的目的：为最大限度地提高利润，同时注意公司内部操作的各种约束。在银行业，公司业务的限制涉及流动性维护（到期偿债能力）和偿付能力（一个正的、持续的净值）。除了这些限制，银行还受法律的限制和控制。因此，考虑法律限制，银行在流动性和偿付能力的限制下将最大限度地提高利润。[4]

鉴于流动性和偿付能力的限制，审慎的银行家应该如何作为呢？明斯基（1959）继续指出：

> 这类银行家运用保险原理考虑违约和资产贬值。尽管是预估的，每笔贷款都收取可能由于预期违约的损失补偿，因此，即使某些贷款违约或投资失败，但整个贷款和投资将是有利可图的。除了获得贷款和证券发行的风险溢价外，审慎的银行家还将要求其贷款和证券得到妥善担保，以尽量减少违约和贬值损失数量及数额。这就是银行家所持有的资产保护，以防止由于市场价格波动带来的损失。

银行收取由借款人支付的款项所产生的现金流，反过来，银行又将这些资金支付给它的债权人，用以偿还其债务（包括存款）。审慎的银行家希望现金流入超过现金流出，其差价足以产生银行利润，并覆盖不良贷款的预期损失。

比起银行资产减去负债的净值分析，明斯基更加强调这种“净现金流量分析”。在他看来，净值分析可能有很大误导。首先，大部分的银行资产组合缺乏流动性，因此不能出售用以承担债务。这是因为银行在发放贷款审核的过程中获得了大量信息，披露这些信息将有损信任关系：

> 违反保密要求可能会导致客户损失，顾客可以拒绝将他的财务状况公开。此外，银行对顾客能力也会进行自己的判断。

希望获得银行贷款的公司渴望银行家的支持，并且银行家能为其票据背书并对其负责。但是有时银行家的现金流非常紧张，他的背书可能相对无价值。因此，银行家不能依靠出售客户贷款获得现金，以抵消异常大额清算的资金损失。

出于这个原因，银行喜欢持有一些可变现资产：

通常银行有两种方式获取非人格化、可变现资产：一是购买证券，二是发放非人格化贷款。与单一持有客户贷款而言，证券投资和非人格化贷款使审慎银行家的现金占存款比重较低[5]，因此他愿意接受以低于贷款的利率获得该资产。银行家不论何时何地所获得的非人格化贷款和证券的实际种类将取决于惯例和制度。然而，银行通常持有的两类资产：短期政府债券和银行同业拆借资金（如果存在这样一个市场）。

自20世纪80年代初以来，银行开始证券化贷款（特别是抵押贷款），使它们可交易化。

我们回顾一下审慎的银行家所面临的两个主要制约因素。银行比一个典型的非金融公司面临更严格的流动性和偿债能力的限制。流动性义务负担大，是因为它接受存款，其中许多是活期的，然而其资产通常不能快速地、无损失地变现：

普通企业一般持有定期债务，债务直到指定日才到期。

> 除了所有者的投资，银行负债的基本特征是活期负债。银行负债的主动权在于存款人，即银行债务的所有者。因此，银行必须保持足够的现金以满足任何来自储户提款的清算损失，以及银行家补充库存现金所面对的意外大额清算损失。

银行股本相对资产较低，因此偿付能力约束严重，这意味着“银行不能像普通的商业企业那样，在资产价值大幅下降时依旧存续”。银行发放抵押贷款或没有具体的资产作为担保的无抵押贷款，事实上是基于借款人的总资产大大超过了负债，这样可以保护审慎的银行家。然而，一个审慎的银行家并不想占有抵押资产，因为这样的成本太高，具有一定的风险并且耗时。

通常情况下，虽然借款人的安全和流动性资产能对成功获取贷款发挥一定作用，但银行的贷款发放主要基于借款人的估计收入（现金流）。因此我们再次强调，现金流分析是银行贷款活动中最重要的考虑因素。

当我们研究明斯基提出的改革建议时，我们将回顾他对于审慎银行业务的观点。

金融体系应该做什么

在我们改革金融体系之前，我们需要了解金融体系应该做什么。本部分将探讨明斯基在利维经济研究所参加的“重构美国的金融结构”项目的研究成果。通过这个项目，明斯基撰写了大量工作论文和相关专著。

他的大部分研究集中于金融机构应该在经济中发挥怎样的作用。尽可能简单地说，明斯基始终坚持认为，金融体系的恰当功能是推动经济的“资本发展”。这并非简单意味着银行应该对有形资本投资提供融资。相反，明斯基更希望创建一个有利于经济发展、提高生活水平的金融结构。我们将在最后一章分析有助于这些目标实现的其他政策。

让我们先列举明斯基认为的金融体系提供的基本功能。

1. 提供一种安全可靠的支付系统；
2. 给家庭和公司提供短期贷款，如果可能的话，也包括国家和地方政府；
3. 一种安全可靠的住房金融体系；
4. 一系列金融服务，包括保险、经纪业务和退休服务；
5. 为购买昂贵的资本资产提供长期融资。

安全可靠的支付系统

在大多数发达国家，支付系统主要通过银行体系运行，银行开出活期存款凭证，而且电子支付日益占据主要地位。活期存款按面值和币种开展交易，银行背后有政府支持。但是，银行并非总是遵循平价结算。在19世纪存款保险制度和美联储建立之前，在美国，银行负债没有按面值交易。这种情况是无效率和不稳定的，因为一家银行发行的 5 美元票据可能在另一家只能兑换 3 美元。

现行系统运作良好，当然除此之外还有其他支付方式。我们常见的一种方式是，政府负责支付系统运作，通常通过邮政储蓄银行开展支付业务。用户可以通过邮局经营的公共“银行”借记存款实现支付。另一种方式是，通过特殊的“狭义银行”提供存款和支付服务，但不发放贷款。相应地，他们只持有最安全的资产——中央银行准备金、现金或国债。狭义银行不承担风险，因此也不需要存款保险。

短期贷款

正如第 4 章所讨论的，虽然在 20 世纪，商业银行也开始转向消费贷款，但其传统上主要对公司发放短期贷款。另一个领域是学生贷款，且不是短期的，但在美国他们得到政府担保确保贷款是安全的。（但对于总计持有 1 万亿美元债务的学生未必是安全的！）由于商业银行负债是短期的，短期贷款非常适合他们。此外，本地分行了解当地的经济环境，这对于评估小企业信用是很重要的。同时，短期贷款利率风险相对较小。[6] 银行也可以给地方政府提供短期贷款，虽然地方政府也可以通过发行债券融资（通常由投资银行处理）。

除贷款之外，企业还有其他融资渠道。从 20 世纪 70 年代初开始，企业越来越多地依赖商业票据市场，越过银行贷款，在金融市场出售自己的短期债券。银行担保提高了商业票据信誉额度

（银行赚取担保费）。企业以及消费者也可以得到供应商融资，在这一过程中，销售方持有买方负债，潜在地绕过银行（虽然银行再次可以参与债务担保或提供供应商融资）。信用卡起着类似的作用。最后，政府可以向企业（例如，小企业管理局贷款）和家庭（例如，学生贷款）提供贷款。

住房金融

在“旧时代”的美国，乔治·贝利通过储贷机构发放 30 年固定利率住房抵押贷款，他持有抵押贷款到期并发行类似存款的互助股份为抵押贷款融资。如果你看过电影《生活多美好》，你会记得，当乔治·贝利（由詹姆斯·斯图尔特扮演）在其储贷机构遭到挤兑时，他恳求他的客户将存款留在储贷机构，因为他们“投资”了所在社区的房屋。他坚持认为存款都很安全，因为他们就像邻居一样。事实上，乔治是正确的。直到 20 世纪 70 年代，美国房屋所有者的抵押贷款从来都没有违约，储贷机构也几乎没有失败过。这看起来像是一个安全可靠的住房金融体系。

所有这些都在 20 世纪 70 年代早期开始发生变化，储贷机构逐渐获准从事更大风险的业务。所有权规则发生变化，允许那些对社区发展甚至储贷机构没有兴趣的人接管存款或贷款。不管你信不信，甚至罪犯、毒品运输者和枪械走私者都参与储贷机构，并将其用于自己的非法目的。到 20 世纪 80 年代早期，储贷机构事实上可以从事任何种类的业务。最后，由于沃尔克主席的高利率政策导致他们走向破产。随后美国出现严重金融危机（这是美国战后直至本轮全球金融危机之前最严重的危机），于是在老布什任总统期间，政府不得不提供昂贵的救助。

危机过后，银行和储贷机构对持有长期固定利率的抵押贷款保持谨慎，这些贷款助推了证券化的发展。正如我们看到的，它在本轮金融危机中扮演了重要角色。事实上，只要得到正确处理，抵押贷款证券化本身并没有什么错。这需要对抵押贷款有良好的审核，以确保购房者极有可能还款。此外，资产证券化过程本身需要遵循完善的程序，包括合格的风险评级和证明文件。不幸的是，美国房屋泡沫期间，审核几乎是不存在的，适当的程序没有得到遵循；证明文件被伪造或丢失；评级机构提供了不可能的乐观评级。

美国联邦政府对满足一定条件的“合格”贷款提供担保。既然政府已经承担风险，因此银行融资以外的另一种选择是政府直接发放按揭贷款。然而，如果银行和储贷机构在审核方面比政府做得更好，政府与它们合作就有意义。美国的情况比较特殊，因为大多数抵押贷款都是固定利率、自摊销贷款（在整个期限内付款固定，大部分的利息最初支付）。这种类型的抵押贷款减少了业主面临的不确定性，但是，因为技术因素，我们很难评估抵押贷款和抵押贷款支持证券的价值。为此，另一个选择是提供浮动利率抵押贷款，从而降低持有它们的金融机构的利率风险。

各类金融服务

家庭需要一系列的金融服务，从保险到退休储蓄。在美国，这些服务传统上由不同的专业金融机构提供。随着时间推移，障碍打破，大型金融机构可以提供全方位的金融服务。银行提供多元业务的缺点是客户可能会被诱饵和调包战术诱骗上当：如老奶奶认为她收到的是有政府担保的存款，而银行实际上卖给她的是有风险的股票。[7]

部分金融服务较传统商业银行业务风险更大，这也是新政改革特意分割金融部门的考量。下一章，我们会分析明斯基的另一种建议，即允许小型、地方性银行提供全方位金融服务，但对规模较大的全国性机构维持分业经营。

为保护消费者免受不当行为侵害，美国创建了金融消费者保护局。该制度增强了消费者教育，并颁布了新的金融业务规则。目前，我们尚不能确定应赋予金融消费者保护局多大权力才能减少欺诈。

全球金融危机过后，几乎所有的全球大型金融机构都因违法操作被罚款，尽管高级管理层并没有因此遭到犯罪起诉。这些机构已承认多种犯罪行为，从伪造文件，到不当止赎、操纵市场、协助大毒枭和恐怖分子洗钱、帮助逃税、帮助企业规避对无赖国家的国际制裁等。

单一机构内的金融服务整合令欺骗客户变得更加容易。例如，某机构可以向客户提供苛刻条件的贷款。当客户违约时，联合其他机构出售不当获利型产品。为此，机构有动力促使借款人违约。

在大机构内部跨部门使用内部信息也存在潜在问题。金融服务部门的集中化特点意味着大型投资银行的地位日益提高，既可以促成大型合并，也可以促成其他大交易。

投资银行

投资银行为公司、中央政府和地方政府提供长期融资。正如第 4 章所讨论的，它们可能会直接持有长期债务，也可能在市场上把其变成家庭或管理基金持有的资产组合。投资银行也分别持有企业股权以及证券化贷款，如住房抵押贷款、汽车金融相关债务、学生贷款，甚至房屋租金。由于远期具有不确定性，这通常比短期债务风险大。这类业务存在违约风险（如果借款人的收入在未来不能承担债务）和利率风险（如果利率上升，持有的支付较低利率的长期债务价值下跌）。美国新政改革禁止商业银行涉足这类业务，然而，这些限制被逐渐放宽，并在 1999 年废止。

投资银行有四种基本模式：独立的合伙制投资银行，独立的公众公司制投资银行，包括投资银行业务的大型金融超市，以及银行控股公司（BHC），其中投资银行业务部门是独立实体。在美国新政改革后，美国投资银行是合伙制，规模相对较小，经营较为保守，因为合伙人资金面临风险。截至 20 世纪 90 年代末，投资银行逐步变成公众公司，发行股份参与繁荣的股票市场。所雇管理层可以获得股票期权奖励，因此有动力不断提高股票价格。20 世纪 20 年代就曾出现类似情形，当时哄抬股价 [8]，阴谋滋生。

21 世纪初,市场上又出现了这些“似曾相识”的场景。在总结部分，当我们提出促进经济资本发展的政策时，我们会再次提及投资银行的作用。

在明斯基看来，尽管尚无理由支持应由单一机构提供所有金融服务，但在银行控股公司内由各类子机构提供全面的金融服务将是长期发展方向。

新政改革根据功能划分机构类型（州法律规定地理限制反对银行分支机构）。明斯基认为《格拉斯－斯蒂格尔法案》到 20 世纪 90 年代初已经变得不合时宜。他坚持任何改革都必须考虑金融中介和支付机制方面的加速创新。他认为这些变化在很大程度上由市场驱动，并不完全是由放松管制造成的。商业银行的消亡和影子银行业的崛起，主要是向货币经理资本主义的过渡结果，并且明斯基认为这比废止《格拉斯－斯蒂格尔法案》根据功能区分金融机构更重要。

如何改革银行

我们借用明斯基关于改革银行业的建议对本章进行总结。我们首先分析他鼓励小规模银行的思路，随后会分析关系型银行业务。

TBTF 银行与关系型银行

“大而不能倒”原则，可以追溯到 1984 年伊利诺斯大陆银行，该原则证明了大银行的明显优势。由于这类银行背后有政府支持，因此能以最低成本融资。小型地方银行面临更高成本，因为它们试图通过建立更多超过需要的营业机构吸引本地存款，小银行需要花费更多成本在全国市场吸引“批发”性质的经纪人存款。即使有 FDIC 存款保险制度（没有违约风险），市场依旧认为政府不完全支持它们，较小的银行风险更高，其付出的更多。

自这轮金融危机以来，投资银行（如高盛集团）可以承担对冲基金的风险，但存款可以获得 FDIC 保险，因此如果高风险交易出现问题，其可以获得美联储和财政部的保护。可见，小银行很难与之竞争。

如何才能改革系统以利于关系型银行？明斯基认为，关系型银行是非常建设性的，更加有利于促进良好的实践和公共目的。

明斯基认为中小银行盈利更多而且更加注重关系导向，它们对客户了解更多，因此能够在贷款审核方面做得更好。换句话说，允许垄断性 TBTF 金融机构在国际市场和大范围内崛起与发展是不应该的，至少是不合理的。正如许多人长期以来所争论的那样，相对小规模的银行才能实现规模经济。

然而，明斯基也承认，由于影子银行所带来的竞争，不管怎样银行都将失去部分市场份额。因此，鼓励大规模、少盈利的非关系导向银行并不是解决问题的出路。相反，明斯基的建议是，允许小型社区银行开展更多金融业务。我们可能会称之为“强化”银行，即允许小机构提供更多服务，反对促进几家拥有各种控股子公司的大银行的权力集中和分支机构扩张。

在对住房抵押贷款证券化的一个具有前瞻性的分析中，明斯基认为：

> 由于抵押贷款的打包方式，它可能以溢价出售一揽子抵押贷款，发起人和投资银行直接获得净收入，但对持有人无追索权。基础项目能否长期生存并不会使产品发起者和证券承销商的财富缩水。很明显在这样的包装融资中，贷款人和承销商的挑选和监管职能比较松懈，无法与发起人长期承担风险那样相比。[9]
>
> ——明斯基，1992b，p.22–23

从明斯基的观点中可以明显看出，当审核者面临长期风险时，贷款审批更加严格。21 世纪初，资产证券化基本上消除了审核，这在很大程度上助长了泡沫，并最终导致泡沫破裂。

为此，明斯基提出银行家要有怀疑精神：

> 我们每次去剧院，就进入了演员们共同营造的情境中。20 世纪 80 年代（和 90 年代与 21 世纪初）的金融发展可以比作影院：发起人和投资组合经理打消了你对于融资项目的现金流来源的疑虑。本来应对金融结构持有怀疑态度的银行家，没有发挥应有的作用。结果，资本发展并不顺利。金融分散可能是再引入必要的怀疑主义态度的方式。[10]
>
> ——明斯基，1992a，p.37

分散经营、支持规模较小的机构，再加上风险留存政策可以使机构回归定位为关系型银行。遗憾的是，近年来的大趋势仍是鼓励国内 TBTF 机构（全球化分支）集中运营。在总结部分，我们会解读明斯基关于支持分散运营的具体建议，即建立社区开发银行体系。

调整政府对银行流动性和偿债能力风险的保护

正如我们已经讨论的，政府为受监管的银行提供了一个安全后盾，为影子银行提供了一个不牢固的安全网。对不太重要的银行活动减少政府保护是有益的。目前，政府为银行提供两类重要保护：流动性和偿付能力。

明斯基认为，“流动性不是资产与生俱来的属性，而是在当下的、持续的经济状况下与时间相关的特征”[11]（1967，p. 1）。有流动性的机构能够“完成付款承诺，这取决于它的正常经营活动将产生的现金和付款，以及它的资产转化为现金的环境（包括其以自身声誉借款的能力）”（明斯基，1967，p. 2）。最后，“机构的流动性状况均依赖经济和金融市场的表现”（明斯基，1967，p. 2）。

由于银行自身的特殊性，以及经济和金融市场的表现，银行可能面临流动性问题。此外，如果存在问题的机构非常重要，而且与其他机构相互关联，则该机构的特质风险可能传染到金融市场。如果风险尚未普遍蔓延，可以通过同业隔夜拆借市场（美国美联储基金市场）提供流动性。中央银行以隔夜拆借利率作为目标，任何隔夜拆借市场利率的压力都会导致央行的自动反应。

当私人市场不能以央行的目标利率满足流动性需求的时候，央行通过贴现窗口出借和购买资产（过去，美联储购买政府债券，但近年来它通过定量宽松已经购买了私人债务）以保持利率在目标范围内。在危机中，这可能需要一个庞大的借款规模，不仅是保持目标利率，而且也可以阻止挤兑。

明斯基一直提倡将贴现窗口延伸拓展至各类金融机构。如果美联储在金融危机之初对所有金融机构无限额地出借准备金，流动性危机可能会更快得以解决。因此,这种政府保护不应受到限制。在流动性面临枯竭时，政府必须无限制贷款以阻止挤兑。

中央银行限制准备金从而对银行施加控制的旧思路是错误的。在正常情况下，这会使央行无法实现目标利率。在危机时期，这会使危机趋于恶化。我们无法通过控制银行资产负债表的负债方来影响银行行为。如果央行希望银行少贷款，就需要约束资产方，直接控制贷款的数量和质量（例如通过信用控制，限制贷款的增速或设定较低的首付款限制）。

综上所述，央行应该，也必须适应银行的流动性需求。然而，正如我们下面讨论的，央行应监督银行的资产负债表，进行现金流分析，并制定促进宏观经济和金融稳定的政策。

第二种安全网是违约保护，这是更有问题的。存款保险保障特定类别的存款没有违约风险，现在美国的最高存款保障限额是25万美元。这是确保等价清算和支付系统安全和准确的必要条件。

但我们面临的问题是哪些类型的机构允许提供此类存款，或者保险存款可用于购买哪些资产。对此，需要考虑的因素包括资产风险、资产期限，以及购买的资产类别是否满足公众目的，即下一章会讨论的经济资本发展。

风险资产可能使政府类保险公司如 FDIC 陷入困境，因为它必须偿付保险存款。如果存保机构处置了问题机构，则它只能收到很少的美元资产。在 FDIC 改革讨论中，明斯基明确“财政成本”不应该是一个主要问题。我们基于相同的理由也可得出如下结论，通过保险存款融资取得的资产风险不应该是关注的重点。

如果美联储随时出借准备金，则资产期限不应再受关注。银行可以通过借入准备金满足存款提取需求，因此无须出售长期资产。

因此，限制金融机构通过保险存款实现融资的主要理念在于，政府具有促进公共目标实现的法定职责。银行应避免在使用保险存款为资产融资时存在违背公共目标的操作。

金融机构（银行和影子银行）其他的、未参加保险的债务怎么办？实践中，TBTF 机构一直得到有效担保，而小规模机构的未投保债权人在机构破产的情况下会有损失。这显然是不公平的，制度设计有利于大机构，但大机构不一定比小机构效率高。明斯基认为，这存在明显的问题，是不可取的。相反，应该处理陷入困境的机构，没有保险的债权人和股东应分担损失。

促进银行稳健的四项改革

我们分析了审慎的银行家行为。很显然，真实世界银行家已经远离了这个理想。我们如何改革银行监管制度，促进审慎的银行监管？在这一部分，我们研究明斯基的四个观点：改善审核、提高资本充足率（流行做法）、通过贴现窗口的广泛使用增加银行评估，以及微观与宏观审慎监管（得到长期支持的一个观点）。

改善审核

银行基本上是公私合作的伙伴关系，政府以流动性和（部分）偿付能力担保为其提供支持。银行以专业活动促进公共目标，他们比政府更胜任。

审核是银行业务的必要环节，银行评估借款人的信誉并与之建立关系，提高借款人还款意愿。然而，过去10年间出现了一种观点，认为审核是多余的。这种观点逐渐流行。危机过后，金融机构发现信用等级、信用评分、信用违约互换保险并不能代替审核，部分原因在于这些过程可被操纵，而且关系型银行的消除改变了借款人和贷款人的行为。这意味着之前的违约率变得无关紧要（信用评级机构发现该结论）。

如果银行没有做好贷前审核，那么政府没有理由选择它们作为合作伙伴。政府可以直接为符合公共利益的事情融资，这非常简单，如抵押贷款、学生贷款、国家和地方政府基础设施，甚至小企业活动（商业房地产及营运资金支出）。换句话说，政府可以直接发放贷款，而不是支持私人银行发放贷款。

在美国，联邦政府已经倾向于担保私人债务而非直接贷款。如果私人金融机构相比政府是更佳的审核者，则政府依赖担保而非直接提供贷款就有令人信服的理由。但是，如果私人金融机构审核做得不好，则绕过担保而直接放贷更有意义。事实上，美国曾经有一次运动，要求政府收回对学生贷款的控制。当政府对存款和贷款（例如，抵押贷款和学生贷款）均提供担保时，除审核决定谁有足够资格获得山姆大叔的担保贷款外，银行扮演的角色微乎其微。

如果某计划存在深刻的公共目的，支持政府直接贷款就有更加充分的理由，即便相对较高的违约率也是可以接受的。例如，美国高校的学生通常使用学生贷款来支付教育费用。不像在大多数发达国家的情况，国民政府提供几乎免费的大学教育，美国联邦政府的支出相对较少（除了研究资助）。因此，大学费用对很多学生来说超出其承受范围，学生必须举债并十分依赖联邦政府的担保贷款。如果大学教育非常重要，则无须私人机构的参与，仔细审核也不重要。教育对于整个社会极具价值，其正面效应足以抵消高违约率造成的损失。（注意，联邦政府可以利用自身相当强大的债务收集能力，通过美国国税局识别违约者未来的收入。）

增加资本充足率

长期以来，人们普遍认为，资本充足率是监管银行信贷的一种合理方法。更高的资本充足率不仅使银行更安全，而且能限制其贷款。遗憾的是，按照明斯基的理念，这些理解存在问题。储贷机构危机后，实施了较高的资本充足率，相关规定纳入《巴塞尔协议》。但是，银行并没有减少资产投资，只是简单地将资产和负债从资产负债表转出，例如放入特殊目的载体（SPV）。

《巴塞尔协议》还使用了风险加权调整的资本充足率，鼓励银行持有风险较小的资产，它们可以获得较低的资本充足率。风险加权资本规定鼓励银行远离高风险的活动，但即使例外，较高的资本比率也足以承受损失。

然而，银行通过两种方式与金融体系博弈：既然风险权重按种类分类，银行可以持有每种资产所允许的最大风险头寸，并且银行与信贷评级机构合作构建MBS等资产，得到所需的风险权重。例如，从次级贷款和“骗子贷款”、Alt-A抵押贷款（介于优质抵押贷款和次级抵押贷款二者之间）中剥离得到3A级分层（像主权债务一样安全）是比较容易的，其他85%~90%风险抵押贷款优于投资等级（据说很安全）。但在现实中，信用评级忽略或至少低估了风险。

最后，明斯基（1986）认为，在其他条件相同的情况下，所有高资本比率必然降低股本回报率（和净值增长），因此更高的资本充足率提高银行的安全性不一定是真实的，因为它意味着银行赚得更少。[12] 的确，较高的资本比率需要选择一个更高的风险/资产收益组合以实现股东目标收益率。如果监管者想要限制高风险贷款的增长速度，直接信用控制似乎更好。监管机构可以设定银行贷款（或总资产）的增长速度最高限制或阻止某些种类的贷款（例如，要求更高的首付款、更好的抵押品或更高抵押率）。

另外，当银行不想放贷时鼓励银行去做没有意义。过去，曾有观点称“你不可能推动绳子”，这很好描述了全球金融危机后的情况，不管政府如何努力鼓励银行放贷，银行都拒绝贷款。政府政策也不应该试图让银行做它们不想做的贷款！毕竟，如果银行是我们的审核者，如果它们的评估是没有好的贷款可做，那么我们就要相信它们的判断。在那种情况下，放贷并不是刺激总需求以让经济走向更充分就业的方式。相反，财政政策才是实现目标的方式。

通过贴现窗口检查银行

明斯基希望美联储对所有需要的机构出借准备金，原因之一在于，他想将私人机构纳入"银行体系"中，即成为美联储的债务人。作为债权人，美联储可以问银行家："你将如何偿还我？"即你要去购买哪种有收益的资产？正如他论述的：

> 利用贴现窗口对银行提供贷款使美联储天生具有检查权。中央银行作为银行的放贷人，无论是对商业银行正常提供准备金，还是充当最后贷款人，均有权了解其资产负债表、收入和能力、银行与银行管理。这与普通银行有权掌握客户情况没有什么两样。[13]
>
> ——明斯基，1992c，p.10

美联储要求银行提供现金流证明，这是银行偿还贷款的基础。对中央银行而言，抵押贷款是很常见的做法，使用"折扣率"以支持某些种类的资产（例如，银行可能会按借国债的等面值借款，但抵押贷款可能只有 75% —— 激励它们购买可用作抵押品的国债）。担保要求和折扣可以约束银行，影响它们购买的资产种类。

中央银行检查商业银行的资产负债表可以发现风险行为，并随时了解事态发展。很明显，美联储在危机开始的 2007 年已出现错误，部分是因为它主要通过公开市场业务提供储备，而不是在贴现窗口。迫使私人银行“进入银行体系”（即强迫它们直接从美联储借钱），就是给美联储对于私人银行活动更多的影响力。为此，明斯基反对美国财政部早在 20 世纪 90 年代的提议，它想剥夺美联储对机构的监管和监督的一些责任。如果可能的话，明斯基希望提高美联储的作用，并且使用贴现窗口作为监督的一个重要工具。

明斯基反对旧的主流观点，即中央银行可以通过定量配给储备来约束银行的活动。但是，自 20 世纪 60 年代起，他反对货币主义关于应在公开市场业务中提供准备金的观点（央行创造准备金以购买资产，主要是国债）。由于该模式只是简单在隔夜拆借市场投放准备金（美联储基金市场），因此很少反映金融体系的健康状况。如果需要准备金的银行必须单独去中央银行借款，并提交资产作为抵押，央行将知道它们有什么抵押品。明斯基指出，中央银行可以获得更多的信息，因为债权人可以要求借款人提供账簿。这并非是中央银行拒绝出借准备金，而是获得了解金融操作的窗口。

微观审慎监管和宏观审慎监管

明斯基的观点与最近对在全球金融危机后建立“超级”系统

监管机构的讨论相关，他可能会支持那些希望增加美联储权力的提议者。事实上，在美国经历了几乎每一次重大金融危机后，美联储都"在失败中壮大"。也就是说，尽管美联储未能阻止危机，但其权力却在危机后增加。在 1929 年大崩溃和 2007—2008 年的全球金融危机之后，更多重点被放在中央银行对银行经营的宏观环境控制，而不是微观层面的银行监管。

对金融机构的传统监管方法是保护金融体系免受个别机构破产的影响，这种破产可能引发连锁反应，对经济产生"出现萧条"的负面冲击。[14] 当时的监管重点是防止个别银行因不称职或欺诈性的管理而破产，并因挤兑或者通过与其他银行相关的债务违约造成其他银行倒闭。然而明斯基强调，尽管"特定的银行因其自身的特殊属性"破产了，但这种风险不可能导致严重的金融危机，除非整个系统是脆弱的。明斯基批评监管机构和银行监管者未能采取金融不稳定理论，他认为只考察单个银行的行为，而不分析宏观环境的不稳定性，将无法防范重大金融危机。

明斯基认为，美国 20 世纪 80 年代初储贷机构危机冲击经济证实了其判断。可以确信，在那个时期银行检查是松懈的，正如前面所讨论的，储贷机构已经免于大多数监管。不过，监管机构未能认识到许多宏观因素已经置金融体系于风险之中：沃克尔的高利率政策、美国金融机构对发展中国家债务迅速增长、美国商业房地产泡沫和石油繁荣造成的地区住房泡沫。正如简 · 克雷格尔（2014）讨论的，这场危机催生了"风险为本的检查程序"，以确定个别银行的风险，并评估每家银行的风险管理措施。这种方法在国际上获得《巴塞尔协议》的采纳。

然而，根据明斯基的观点，“从头寸管理的角度，银行倒闭不是简单地因为不称职或腐败管理而产生的。破产主要是因为付款承诺的相互依存性和跨机构 / 跨单位的头寸交易”（坎贝尔和明斯基，1987，p.255）。一个单位的及时付款能力取决于债权人的支付能力，但这些债权人也依赖债务人的运营状况。

到 2000 年，事情更加复杂，使用“保险”——信贷违约互换来对冲风险变得普遍，其反过来取决于保险卖方的财务状况（交易对手风险）。一般而言，他没有损失准备金而是也购买同样的一种“保险”（再次，信用违约互换）对冲。当危机出现，人们发现美国国际集团负责了大部分“保险”。美国国际集团违约了，留下“山姆大叔”去承担损失。

因为这个原因，银行的微观审慎监管并不足够有效，将金融系统作为一个整体进行宏观审慎监管同样是重要的。全球金融危机后，这一概念几乎成了监管界的口头禅。然而，正如克雷格尔（2014）认为，如果不是基于承认金融体系趋于不稳定的理论，即使宏观审慎监管也是不足的。

从 20 世纪 70 年代初明斯基就已经开发了可以被称为动态的宏观审慎监管，认为“金融机构和它们之间的相互关系是动态的、不断发展的”[15]。有效监管必须“频繁重新评估并与不断变化的市场和金融结构相符”[16]。

> 随着时间推移，最初恰当的监管模式越来越不适宜：传

统的监管结构变得不恰当，甚至变成错误的。制度变迁逐步造成金融机构无法抑制经济内在的不均衡性。

——明斯基，1994，p. 4[17]

换句话说，监管机构和监管者需要动用手指测量整个金融系统的脉搏——不只是受监管的银行，也包括不受监管的影子银行系统。并且，法规必须随着金融实践与时俱进。

但央行如何密切关注影子银行业的事态发展？毕竟，它几乎完全忽略了2006年以来在住房抵押贷款证券化业务中什么是错误的。

明斯基认为，因为“如果中央银行想对正在发生的事情有所了解，就需要与银行、市场保持相关的业务、监督和检查关系”，而减少检查和监督的责任，会抑制中央银行“执行货币政策功能的能力。这是因为货币政策操作是受制于美联储关于如此操作对银行活动和市场稳定的效果的意见”（明斯基，1992，p.10）。美联储将更好地了解它监督和检查的银行。正如我们所讨论的，中央银行密切注视市场动向的一种方式就是令银行使用贴现窗口。至少对部分影子银行部门提供贴现窗口，也会让美联储了解银行业之外的活动。

在下一章中，我们将总结明斯基的政策改革建议。

第8章

结论：以改革来促进稳定、民主、安全和平等

有着资本主义金融机构的经济，存在一个根本缺陷。无论央行行长多么巧妙、多么敏锐，资本主义的投机和创新元素最终会导致不稳定的金融实践和金融关系。

——明斯基，1977 [1]

现在我们面临的问题是，指导过去决策过程的理论导致错误规范，而这些决策过程决定了我们的经济发生了什么。

——明斯基，1992，p.21 [2]

在设计和宣传政策时，经济学家们和业界人士不得不在“市场促进公共福利”的斯密理论与“市场导致经济中的资本发展不良，而不是提高社会福利”的凯恩斯理论中进行选择。

——明斯基，1992，p.5

最后一章，我们考察明斯基的改革建议，重点关注那些有助于稳定经济，同时能促进民主、安全和平等的改革。

资本主义的三个基本缺陷

凯恩斯的《就业利息和货币通论》(1936) 明确了资本主义社会的两个基本缺陷：长期失业和过度不平等。两者互相联系：过度不平等导致过多的收入流入富人手中，而富人往往储蓄多于消费。这就抑制了需求，导致就业岗位稀缺。[3]

明斯基增加了第三个缺陷：不稳定是现代资本主义的基本特征，因为现代资本主义是一个金融体系。此外，正如明斯基提出的，持续的稳定无法实现——即使采取适当的政策——因为这个社会的行为方式发生变化，可能产生经济萧条和债务紧缩。明斯基曾说过：

> 一个人可能读过各类教科书以及大部分杂志文献，但可能并不明白货币经济学的首要问题是，资本主义本身是否存在缺陷，因为资本主义容易受到经济繁荣和萧条的影响。然而，这显然是20世纪30年代凯恩斯和芝加哥学派关注的焦点。
>
> ——明斯基，1972，p.2

尽管凯恩斯的解读者强调，经济会衰退，甚至是严重的那种，虽然这是事实，但几乎所有人都认为这些衰退是各种对系统的“冲击”导致的经济偏离均衡。或者，换一种说法，他们假设资本主义制度自然趋于稳定，当它偏离平衡时，政府可以运用货币政策和财政政策使其回归平衡。

明斯基认为，这种情况恰恰相反：该制度根本上是不稳定的，但这种不稳定能通过恰当运用财政政策和货币政策来约束。但这不是一件简单的事情。首先，政策的有效性存在不确定性。更重要的是，实施一项政策可能影响行为方式。为了达到政策真正约束不稳定的程度，它更要引起行为改变，这将使稳定政策效果变差。因此，稳定中蕴含着不稳定！

基于这个原因，明斯基拒绝“微调”的任何概念。即使政策实现了短暂性稳定，但这会重新引起不稳定。因此，“政策问题是设计制度结构和措施，在不引发大萧条的前提下，来减缓通胀、失业，并逐步改善生活水平”（明斯基，1986，p.295）。然而，成功永远不会长久。政策必须不断调整以适应不断变化的环境。正如尼尔·杨所说，锈蚀永不止。政策形成必须是动态的，需要一直不断发展以适应政策诱导的行为调整。

明斯基的《稳定不稳定的经济》一书在 1986 年出版。他认为，战后时期的相对稳定促进了货币经理资本主义的发展，而货币经理资本主义是“57 种资本主义”中较不稳定的一类。1987 年，他就前瞻性地预测到导致 2007 年金融危机的住房抵押贷款证券化泡沫会破裂。[4] 事实上，他是少数几个了解证券化真正潜力的评论家之一：原则上，所有的抵押贷款（以及许多其他类型的资产）都可以被包装成各种风险类别，然后以差别定价覆盖风险；正如他所说的，“能被证券化的都将被证券化”。

明斯基认为，证券化反映了两个方面的发展变化：第一，这是金融全球化的重要组成部分，因为证券化产生了不受国界限制的金融票据。不能直接接触美国房主的德国投资者可以在繁荣的美国房地产市场分得一杯羹。正如明斯基乐于指出的，史无前例的第二次世界大战后的大萧条，发达国家（甚至在许多发展中国家）从压抑到自由的膨胀导致寻求回报的管理基金全球过剩。由权威评级机构认定风险权重的打包证券得到全球投资者的青睐，它们期望在美国市场盛宴获得一定收益。毫不奇怪地，明斯基发现，证券化的美国抵押贷款在2007年最高值超过了联邦政府债务的市场价值。同样不奇怪的是，2007年中后期，美国抵押贷款问题迅速波及世界各地，从这年年中请求救助的德国工业银行开始，到法国巴黎银行（法国最大的银行）出现问题，再蔓延到英国北岩银行。

明斯基认为第二个重要变化是，银行（狭义定义为接受存款和发放贷款的金融机构）的重要性相对下降（银行占所有金融资产的份额从20世纪50年代的50%左右，下降到20世纪90年代的25%左右）。“全球豪赌”需要具有吸引力的赌注，传统银行业转变为“发起—配售”模式，打开了以风险抵押产品为基础进行投资赌注的闸门。

新政改革后，住房部门一直很安全，但现在被影子银行变成了一个巨大的全球赌场。高风险抵押品被证券化为区分档次的垃圾抵押贷款支持证券，最差的部分被再证券化为债务抵押凭证（CDOs），还可以被证券化为CDOs的平方，甚至是立方。就这样，一个单个的风险抵押产品背后可以有任意数量的投注——投注者可以选择赌胜还是赌败。美国房地产市场的结构类似乌龟耶尔特的故事[5]，可怜的房主小乌龟苦苦背起一大堆乌龟触摸天空。当它打了个饱嗝，没有支付抵押付款，整个乌龟宝座轰然倒塌。乌龟最终失去了它的家。

在早期论文中，明斯基曾经担心，“很多时候，好像美联储已经对金融实践的变化见怪不怪了”（p. 150）[6]。的确，美联储以及最主流的经济学家们都忽视了整个影子银行体系的兴起。[7] 通过与现实世界的银行家们的接触，明斯基深知金融实践和金融制度本身的演变。

由于各种制度、条例和惯例制约了传统金融业的发展，银行业的作用大幅下降。银行在资产与负债两方面均面临日益激烈的竞争。非银行金融机构的支票存款可以支付市场利率，而商业票据市场的崛起使企业可以绕过商业银行，这些新金融产品均挤压了银行业利润。

明斯基发现银行似乎在资产赚取的利率和支付负债的利率之间获得大约 450 个基点[8]的利差。该利差覆盖了银行资本的正常回报率，加上征收的银行准备金“税”[9]和服务客户的费用（如人员工资）。相比之下，“影子银行”可以以更低的利差运营，因为它们不受存款准备金率、监管资本要求和太多的关系银行成本的约束。同时，金融市场也不受曾使银行更加安全的新政监管政策的管制。

这种情形不仅意味着一些迅速发展的金融部门不受大部分监

管制度的约束，而且竞争迫使政策制定者放松银行监管。当房地产泡沫破裂最终导致金融危机时，商业银行和投资银行之间已经没有本质的区别。

值得注意的是，明斯基认为，短期抵押贷款（特别是大额气球型贷款）导致大萧条已经形成共识，因此新政改革特别关注住房金融。讽刺的是，引发21世纪初投机热潮的住房抵押贷款金融创新让历史重演——新型的有风险的抵押贷款产品代替了原来建设美国强劲住房市场的固定利率、自摊销的30年分期付款。[10]

格林斯潘对策（基于救助长期资本管理对冲基金和网络经济泡沫破裂后利率快速下降的经验，相信美联储不会让悲剧发生的一种看法）加上美联储采取的新操作流程（新的货币政策共识，即采用渐进主义[11]、透明化和预期管理，意味着没有意外），打破了市场情绪平衡，投资者从恐惧转变成贪婪。克林顿时期的繁荣和小布什时期的经济衰退改变了人们对经济增长的看法，无通胀的经济扩张应该更加稳健，经济衰退将是短暂和相对轻松的，即进入了伯南克的“大缓和”时代。

大缓和时代提高了风险偏好，降低了风险溢价，并鼓励越来越高的杠杆。此外，证券化、对冲以及各种保险产品（如信用违约掉期）均把风险转移至最有能力承担的人。如果明斯基能够观察到他去世后至全球金融危机到来前的10年，他会认为这是个彻底终止怀疑的年代。明斯基用此来形容人们说服自己相信坏事情不可能发生。

所有这些变化使人们对过去30年间的政策导向提出质疑。在接下来的章节中，我们将分析如果按照明斯基的建议，应该采取的政策方向。这些内容专门针对资本主义的三个基本缺陷：失业、不平等和不稳定。

促进经济的资本发展

明斯基对新独立东欧国家的发展建议中，认为关键问题是“创造货币和金融体系，以促进经济的发展、民主的出现和与资本主义世界的整合”（p.28）[12]。除了最后一个目标，这句话同样适用于促进西方国家的资本发展。

明斯基的“资本发展”概念广泛适用于多个层面，包括公共和私人基础设施投资、技术进步和人类能力的提高（通过教育、培训和改善健康和福利）。需要注意的是，明斯基总是把充分就业、更加平等和稳定放在一起作为政策目标，所以追求经济的资本发展，也就必须采取能确保这些目标得以实现的路径。

明斯基提出，有两种方式会导致经济资本发展“不良”，即“斯密主义”和“凯恩斯主义”。第一个是指“错配”：融资给错误的投资。第二个是指投资不足，导致总需求水平太低而不能促进高就业，以及生产能力不足而不能促进生活水平的改善。

20 世纪 80 年代，经济出现了上述的双重打击，但最主要的是不适当投资，尤其是过度的商业不动产投资。我们可以说 21 世纪初再次遭受了“斯密主义”错误的资本发展，因为大多数融资流入居民不动产领域。在这两种情况下，明斯基认为证券化是主要风险。20 世纪 80 年代，由于银行储蓄机构未持有抵押贷款（实施了证券化），因此它们有融资能力投向商业不动产（对于这种情形，房地产信托投资基金也是造成危机的部分原因）；21 世纪初，高风险（高收益）的资产支持证券推动了次级贷款和次优贷款的发展。同时，我们面临长期的高失业率——即使在泡沫推动的繁荣时期。结果，总需求长期低迷，被日益不平等加剧，使更多的国家财富掌握在富人手中（这些人的储蓄大于支出）。

因此，在改革制度设计时，我们同时面临“斯密主义”和“凯恩斯主义”两大问题。我们首先解决凯恩斯主义问题，即金融机构可能不能提供合适的融资规模；然后我们再解决斯密主义问题，即为真正促进资本发展的经济活动配置合适的融资规模。

开展贴现窗口操作提供弹性储备供给，确保银行以央行目标利率借入资金为其资产融资。但是，这种方法不能保证我们解决凯恩斯主义问题，因为银行可能融资过多或者过少，无法在促进资本发展的同时实现充分就业。

凯恩斯主义中“融资过多”的问题更容易解决一些，因为央行和其他负责银行的监管者在银行明显地为太多经济活动融资时，可以限制银行的资产购买。比如，在过去的房地产泡沫中，很明显（除了主流经济学家和美联储的一些人）贷款应受到限制。美联储本有权采取措施，但是它拒绝进行干预。

美联储对贷款过多的主流做法是提高目标利率，而这存在问题。因为借款对利率不敏感，尤其是在繁荣时期，利率必须大涨才能有效果。而且，提高利率又与美联储维护金融稳定的目标相冲突，因为——正如 1979 年沃尔克实验说明的——足够大的加息能扼杀繁荣，同样可以导致严重的金融混乱（大约四分之三的储蓄机构被迫破产）。现实中不存在高利率和贷款需求减少之间的平滑关系。当利率足够高导致破产时，违约事件将像滚雪球一样蔓延至整个经济体系，最终会导致市场恐慌和支出大幅下降。

实际上，这种认识是格林斯潘和伯南克转向“渐进主义”的部分原因，即逐步开展一系列小幅加息。不幸的是，这种方法意味着市场有充足时间来准备和弥补加息带来的影响，这意味着政策效果大打折扣。基于这个理由，加息不是一个控制银行贷款的好办法。相反，政府监管部门（美联储、联邦存款保险公司、美国货币监理署）使用的控制措施应更直接：提高首付比例和抵押要求，甚至发出停止和禁令防止某些活动的进一步融资。

另一方面，降低利率不足以刺激借款和支出。正如我们看到全球金融危机发生后，利率几近于零，但私人消费依然低迷。在私人机构没有找到好的借款人时，很难让其放贷；当悲观情绪弥漫时，好的借款人也不愿意借钱消费。有种说法是“你不可能推动绳子”，意思是低利率不能推高总需求。在低迷时期，货币政策无能为力，政府需要转向财政政策。许多经济学家，无论是传统经济学家还是非主流经济学家，都坚持认为萧条时期是加强公共基础设施投资的好时机。私人支出低迷，劳动力和机器空闲（因此可以重新投入公共领域），以及利率低（国家、州和地方政府债券可以以低利率浮动）。唯一阻碍公共支出的是国家政府对预算赤字的非理性恐惧。

但是应该说，明斯基更加重视在低迷时期扩大政府支出和在繁荣时期减少政府支出的自动稳定器作用。自动稳定器自动运行，不需要当选的代表们经历漫长的讨价还价的方案选择，随后才实施投资。明斯基倡导的最重要的自动稳定器是就业保障——他所谓的“最后雇主计划”。

解决斯密主义问题——让银行贷款来促进经济的资本发展——要求直接监管银行资产负债表资产端的活动。要鼓励能够进一步促进经济资本发展的金融活动，打击那些导致经济的资本发展不良的金融活动。此外，也没有理由单纯依赖银行和影子银行提供所有的支持资本发展的融资。政府资金供给也具有一定作用，下面我们会更加详细地进行讨论。

明斯基的改革议程

在 1986 年《稳定不稳定的经济》一书中，明斯基提出了一个改革议程，集中在四个主要方面：

- 大政府（规模、支出、征税）；
- 就业战略（雇主的最后援助）；
- 金融改革；
- 市场势力。

本章总结了相关建议，然后，我们借鉴了明斯基 20 世纪 90 年代后的研究，对此进一步补充完善。

明斯基认为，所有形式的资本主义都受其固有缺陷影响（所有依赖昂贵私人资本资产的资本主义形式都呈现出本章开头讨论的三个基本缺陷：失业、不平等和不稳定），但我们对缺陷相对较少的资本主义可以进行优化改进。

正如之前讨论的，明斯基赞成低投资和高消费的资本主义，一个保持充分就业，另一个促进小企业。他想把政策重点从转移支付转变成就业。他对政府不直接创造岗位能否实现充分就业表示怀疑。

因此，明斯基指出各种新政就业计划，譬如平民保育团和国家青年管理局等机构的建立就是为了引导建设综合的“最后雇主计划”。明斯基认为，只有政府才能提供对劳动力的无限弹性需求，这是充分就业的必要条件。

明斯基预测，“最后雇主计划”的成本是国民产出的 1.25%，与其他促进计划的成本估计基本一致（哈维 1989，雷 1998），也与阿根廷和印度的实际经验相符。此外，明斯基建议提供全球儿童津贴[13]，成本大约也占 GDP 的 1.25%。总之，这些计划将取代大部分的福利和失业补偿支出，较现行计划对参与者提供更多的机会和尊严。[14]

他认为自己所提出的方案能带来较低的通货膨胀。与支付给不工作的人福利不同，就业计划将会促进有用产品的生产，并提高生产力，而福利只是在没有增加产出供给的情况下提高了产出需求。因为部分就业计划旨在提高经济的资本发展（上文讨论过，这里的发展包括公共基础设施）。此外，提供工作岗位和在职培训也能提高大众技能。

明斯基估计其他人对此可能存在反对意见，即充分就业必然导致通货膨胀，因此他提出相对稳定、统一的工资标准，即实际上是通过提供一个锚来稳定工资。所有这些观点近年已经被“最后雇主计划”政策的支持者所采纳。

最后，他提议通过取消工资税和让退休的人在不失去社会保障福利的前提下重新工作，来降低劳动参与门槛。他应该会支持奥巴马总统的“薪资税减税法案”，对所有工人减免 2% 的税（遗憾的是，该政策最终因总统在与共和党“财政悬崖”的谈判中妥协而告终）。明斯基还可能会进一步取消工人和雇主双方的薪资税。他认为不鼓励就业尤其是“累退税”的政策，应该会损害社会公共目的（薪资税的目的是打击低中收入者，因为超过一定水平的工资不征税，非工资收入也不征税）。然而，实际上他建议的其他内容已被采用，因为社会保障受助人已经能够继续工作，他们更多的收入免于征税。

明斯基认为，银行规模和与其有业务往来的企业规模有关，因此他赞成支持中小银行的政策。他会放松新政中对这些小银行的约束，使它们为更广泛的小客户提供需要的金融服务。

相反，美国政策背道而驰，在新政改革前豁免大型银行，使其免受《格拉斯 – 斯蒂格尔法案》的监管。因此，与明斯基提出这些建议的时候相比，银行业越来越集中——与他的提议恰恰相反。

与此同时，如上所述，政策改革和创新主张更有利于“市场”而非“银行”，这也促进了银行进一步合并。2007 年金融危机，美联储和美国财政部实施救助，实际上提高了剩下的几个金融巨头的集中度。危机后，这些大机构比以前更大，它们更没有竞争。而且，市场也吸取教训：政府会救助“大而不能倒”的银行，这提高了大银行的竞争优势，却使更小的银行倒闭。因此，在所有这些方面，政策让事情变得更糟糕。

明斯基的大政府将有助于通过其预算逆周期来稳定经济。正如我们已经讨论的，明斯基否认主流凯恩斯主义观点，即大政府可以通过大规模投资实现经济微调。明斯基主张有针对性的支出（工作保障就是一个例子；它直接创造就业机会，而不是通过投资，希望就业机会被创造）。他还认为大规模投资不可持续，如果它能达到几乎充分就业，将会引起通货膨胀而停止（应变政策前面讨论过）。最后，他提出传统的凯恩斯主义会加剧不平等，因为此类政策使垄断的、联合性部门获益，当需求日益高涨时，这些部门会推动价格迅速上涨。

政府预算应该“足够大”。我们之前讨论过，政府预算应具有充足弹性，以抵消私人投资与经常账户的波动。该规模可以使政府预算有助于总需求、收入、消费和利润的稳定。我们已经讨论了戈德利的部门资产负债表方法，所以我们明白，财政赤字需要高于经常账户赤字，以使国内私营部门运营盈余；该方法有助于金融稳定。

明斯基想要让政府减少转移支付，增加就业和投资型支出。同样，该方法用于促进经济的资本发展，有助于降低大政府支出的通胀压力。

明斯基希望支持小企业而不是大公司，但他主张取消企业的利润税，这看起来似乎导向不一致。然而，为了计算个人所得税，他建议税务机关让企业主承担全部利润。这种会计准则能降低企业留存收入的动机（使企业主避税），减少使用股票期权的高管薪酬（它们的税收将基于给所有者的利润分配），也可以减少对债务融资的偏见（目前企业使用债务融资而不是股权融资，因为企业可以从税中扣除利息）。

支付体系改革

20 世纪 90 年代，明斯基主要关注“重塑金融体系”，而我们已经介绍了他的一些建议。储贷危机后（发生在 20 世纪 80 年代末 90 年代初大银行问题之后），在美国有很多关于存款保险的讨论。有人认为银行和储蓄机构有政府保险支持，没有必要让存款人来约束金融机构——山姆大叔应该为它们的错误买单。为此，有人提议开展改革或者取消存款保险。对于该争论，明斯基提出了自己的观点。

根据明斯基的观点，在过去三四十年里，银行面临的困境是各类业务被影子银行（明斯基称之为管理基金）蚕食。管理基金对投资者提供相较被保险存款收益更高、更方便的其他产品，这样使很多支付体系业务绕过了银行。

明斯基认为，信用卡业务也将支付体系移出了银行业（虽然大银行获得了大量信用卡业务）。同时，由于商业票据市场的发展，银行资产负债表的资产端业务被挤压，让企业以比其银行贷款低的利率借入短期资金（有时候，企业能够比银行以更低的成本借入资金）。随后，银行通过收取商业票据担保费用收复了部分业务，但这些竞争压力迫使银行抛弃昂贵的承销和关系型银行业务，替而代之的是“发起—配售”业务模式。[15]

这些竞争压力不易解决，虽然明斯基也在一些公开出版刊物中提出了一些观点。明斯基认为，政策应该转向使支付系统成为银行的盈利中心。

> 美国银行体系的一个缺陷是，用资产收益和存款利率支出的差额来负担支付体系。一般，支票系统的管理成本为支票存款数量的 3.5%。如果支票系统成为银行一个独立的盈利中心，那么银行将处于更有利的地位与货币基金进行竞争。
>
> ——明斯基，1992a，p.36

重返战后银行和储蓄机构垄断支付体系的时代也不是大家所期望的。然而，19 世纪初，联邦政府通过征税方式取消了私人银行券。用类似的方式，对通过银行的支付活动实行优惠待遇可以重新恢复竞争优势。对管理基金的支付活动征收交易税，提高影子银行相对于传统银行的支付体系成本。此外，银行使用美联储清算系统可以获得少量补贴资金。明斯基还希望用借记卡取代支票，这样银行就可以实质性地降低其支付系统运行成本—— 一些事情好像正在发生。[16]

一些人还呼吁回归欧文·费雪和米尔顿·弗里德曼的 100% 货

币，通常被称为芝加哥计划。明斯基在还是一名学生的时候经常接触这些观点，并很感兴趣（他给一本书[17]撰写了支持性的介绍来推广这个观点）。简单地说，利维学者尤尼·菲利普斯建议构建一个狭义银行体系，该体系只持有最安全的资产（政府债券），同时提供存款。这里的观点是，我们分离一部分金融体系，使它绝对安全。任何想避免“赌场经济”的人可以把存款放在安全的狭义银行里。这对于有些人提出的对现代金融体系无法进行有效监管的问题提供了部分解决方案，这些人认为金融机构可以创新或者把总部移至海外来逃避监管。关于狭义银行业的建议主要是把金融部门分成“安全”和“风险”两大类别。

但明斯基认为这个方式是失败的：

> 我们的主要目标是推动经济的资本发展。银行业的主要作用是贷款，或者更好一些，是融资。所有金融体系均面临如下问题，即银行和其他金融机构的资产代表着什么？如果分散化的地方金融机构担任类似的投资者，经济的资本发展能否更好？我们应该限制分业类还是业务多元化的机构？
>
> ——明斯基，1992a，pp.36–37

某种意义上，芝加哥计划“解决了什么是不应废除的这一问题”。这点非常重要，在国际金融危机中，出问题的不是被保险的存款——存款保险恰恰做了它应该做的：阻止挤兑。真正的问题在于不参加保险的“类存款”货币市场共同基金。政府不得不扩大其担保范围来阻止危机。看来，应阻止那些未投保基金将它们的“存款”包装宣传成与投保银行存款一样安全，并明确政府将不再保护那些未投保基金的持有者。

可以肯定，明斯基并没有断然拒绝关于狭义银行的提议，但是他认为这种方案仅解决了外围问题，即支付和储蓄系统的安全性和稳健性，并没有解决促进经济的资本发展问题。所以，他认为我们可以有狭义银行，但我们依旧要努力去解决更大的问题，即如何管理规范那些不属于狭义银行的其他金融机构。

此外，取消存款保险将促使储户去约束银行的争论并没有左右明斯基。这明显是不可能的。储户不仅没有时间和专业知识这样做，而且他们也没有办法获取详细的银行资产负债表。由于保密要求，没有银行向储户公开其贷款账簿（除了政府监管部门）。因此，由储户来确定银行资产是好是坏也是不可能的。同时支持依靠市场规律的人声称评级机构能够提供所需要的信息，现在我们看来是荒唐可笑的。他们在正确评估资产风险方面惨遭失败，而这助长了国际金融危机的爆发。

促进稳定、安全和民主的制度设计

后来，在利维经济研究所，明斯基继续他的政策研究工作，倡导设计现代资本主义的制度。他认为，资本主义制度是动态发展的，有很多种形式，而且 20 世纪 30 年代的改革已经不再适合货币经理资本主义。

此阶段的资本主义已经见证了新保守主义意识形态的兴起（在美国之外被称为新自由主义），主张抛弃新政和“凯恩斯时代”政策留下的东西。从金融机构监管到提供退休工资，每件事情都受到了主张私有化者的攻击。民主党总统比尔·克林顿“终止了我们所知的所有福利”，用终生限额代替临时救助。虽然明斯基对福利制度不关注，但克林顿只提供了大棒，而没有胡萝卜—— 他拿走了“权利”，但没有提供就业机会，而是宁愿依靠自由市场为他们提供。

然而，明斯基认为自由市场的意识形态是很危险的，尤其是资本主义这个阶段。讽刺的是，在战后初期，私人债务水平很低，私人投资组合中全是政府债券，对 1929 年大萧条的恐惧导致其行为谨慎，“看不见的手”不能造成太大的损失。然而现在，私人债务率非常高，在贪婪胜过恐惧的环境中经过几十年的杠杆过程后，“看不见的手”助推了日益高涨的冒险行为。

因此，20 世纪 90 年代明斯基提出的政策建议旨在减少不安全因素、促进稳定，并鼓励民主。他继续支持创造就业机会，以及促进工资和儿童津贴更加平等的政策。明斯基与其他利维经济研究所的学者一起推动克林顿总统通过了一项计划，即建立小型社区发展银行体系。在此之前，他的有关建议已经被克林顿政府采纳（明显受明斯基建议影响），即对金融服务空白地区扩大服务范围。

明斯基担心超级银行的趋势“很可能使得金融体系最脆弱的部分，巨头银行继续扩张。这不是因为它们高效，而是因为它们可以利用其庞大的资产规模和现金流的影响，给地方银行带来不利影响：美国的制度框架不能完全杜绝掠夺性定价和占领市场”（明斯基，1992a，p.12）。而且，由于贷款规模取决于资本金，大银行对“大交易”具有天然的亲和力，而小银行只能服务小客户：“一个拥有 10 亿美元额度[18]的银行，其资本金很可能只有 8 000 万美元。那么它将最高有 800 万美元至 1 200 万美元的信用额度……在美国，这意味着这些银行的普通客户是一个社区或小型企业：这样的银行是支持小企业发展的机构。”（明斯基，1992a，p.12）

社区发展银行建议

明斯基主张政府建立并支持小型社区开发银行。[19]简单地说，他认为国家和社区的资本发展需要广泛的金融服务来支持。然而，许多社区、低收入消费者以及更小或者刚开业的企业都无法有效获取这些服务。[20]

譬如，在很多地区，支票兑换网点和典当行远比银行办事网点的数量多。许多家庭甚至没有支票账户。小企业通常借助信用卡融资。这些都是成本较高的替代方案。

因此，明斯基的建议是建立一个小社区发展银行网络，提供全方位的服务（针对服务不足社区的全能银行[21]）：

1. 具有支票兑现和清算，以及信用卡和借记卡功能的支付体系；
2. 保证储户储蓄和交易账户安全；

> 3. 提供住房贷款、消费贷款和学生贷款等家庭融资服务；
> 4. 提供贷款、发放工资和咨询等商业性银行服务；
> 5. 提供投资银行服务，为企业根据资产结构设计合理的负债结构并提供负债管理；
> 6. 对家庭提供资产管理和咨询服务。
>
> ——明斯基等，1993，pp.10–11

社区银行所提供的服务与前面章节所讨论的金融机构基本职能相似。因此，关于社区银行的建议实际上是对金融体系基本改革提供了概览。

这些机构将继续保持小规模、本地化以及营利性运作。它们可能采取公私合作模式。与此同时，还需要设立社区发展联邦银行，对社区银行提供股本金，并具有批准设立与监管职能。每个社区银行应该具有银行控股公司的组织架构。我们举例如下，社区银行应该涵盖：

> 1. 提供支付服务的小型银行；
> 2. 提供企业贷款和家庭抵押贷款的商业银行；
> 3. 帮助企业处理股权事宜和长期债务的投资银行；
> 4. 作为受托人提供融资咨询的信托银行。

正如前面所述，克林顿总统确实通过并签署了一项建立社区银行的法案，但其规模和范围远不及明斯基所倡议的。

影子银行改革

金融体系改革需要解决货币经理资本主义的“影子银行”问题。明斯基特别关注养老基金，因为他认为养老基金在很大程度上造成了 20 世纪 80 年代的杠杆收购（LBO）[22] 泡沫（以及破裂）；同样，强有力的证据证明养老基金推动了 21 世纪中期大宗商品的繁荣和萧条。可以肯定，这只是一种货币基金，但它受政府保护和支持，不仅享受优惠的税收待遇，而且还通过养老福利担保公司 [23] 获得了准政府的支持。

因此，这是另一种以服务大众为目的的公私合作关系。明斯基质疑的是“养老基金的作用应该因开放式的个人退休账户（IRAs）而受压制吗？（对缴纳不设置限额，提取无罚金但要征税，利率和股息收益不征税，支出时除外）”（明斯基，1992a，p.35）。他赞成促进 IRAs 的政策，以与养老基金竞争并减少它们的影响。

他还倡议功能监管而非机构监管。换句话说，如果银行提供某金融产品受到监管，那么影子银行提供该产品时，也应受到监管。比如任何类型金融机构发起抵押贷款都应与银行和储蓄机构发起抵押贷款一样受到监管。这种方式下，机构成本类似，但降低了“竞次”动机。

缩减金融业规模以解决失业、不平等和不安全问题

如果按照明斯基关于失业、贫困、不平等和不安全的观点，

他肯定会对近期金融部门的发展趋势感到震惊。

首先，工资所占比重有所下降，而总资本收入比重（也就是利润份额）有所增加。很多人认为，工资停滞导致了过去30年间家庭债务的增长，家庭债务自20世纪90年代中期加速增长。

利维经济研究所很多学者指出，自1996年明斯基去世以来，私人部门空前巨大、连年的赤字是不可持续的。家庭债务高筑的部分原因是国民收入中工资部分明显降低，但很多家庭仍努力维持原有的生活水平。这种变化令华尔街的“1%”人群受益。

根据帕夫林娜·切尔内瓦的一项研究，全球金融危机复苏95%的收益流入收入分配最高的1%的那一部分人。[24] 另一项研究发现，美国收入最高的千分之一的人口现在占有五分之一的财富总量。[25]

另一个问题是，利润分配向金融部门倾斜。在危机前，金融、保险和房地产部门（简称FIRE部门）[26]，总共占有全部企业利润的40%，目前金融部门的比重也恢复到这个水平。相对应地，该份额直到20世纪70年代是10%~15%，直到20世纪90年代是20%。然而，FIRE部门的增加值也在提高，从战后早期的约12%上升到目前的近20%，直到21世纪初出现泡沫时其利润比重是其增加值比重的2倍。

因此，经济的资本发展受到三个相互关联问题的阻碍：利润比重太高，而工资比重太低，这抑制了需求，引发了失业；金融部门所占GDP的比重太大，是增加值的20%，增加了不稳定性；金融部门分配给自己的利润份额过高。

缩小金融业规模是必要的，可以确保经济的资本发展良好运行。40% 的企业利润流入金融部门，不仅使其他部门的利润太少，而且它鼓励金融部门而不是实体经济的企业家努力和创新。很多这种过度金融化主要集中在“大而不能倒”的机构，需要考虑监管并将其拆分，或者要求其在失去银行牌照和缩小规模之间进行选择。

促进成功的 21 世纪资本主义的政策

明斯基在最新的论文中说：“我们目前的困难，不仅需要我们考虑如何衡量一个经济体的成功，而且要考虑成功的 21 世纪资本主义的制度性先决条件。”[27] 他接着快速回顾了他的阶段方法，描述了战后“家长式”资本主义的特点，包括：

> 逆周期的财政政策，在经济衰退时维持盈利：美联储的低利率以及干预政策，不受金本位制约；银行和储蓄机构的存款保险制度；建立暂时的国家投资银行（重建金融公司），向交通、工业和金融业注入政府资本；以及旨在解决部门问题而成立的专业组织进行干预（比如在住房和农业部门）。
>
> ——明斯基和惠伦，1996，p. 3

战后初期，大家对大萧条的记忆犹存，因此人们：

负债格外谨慎。但当经济持续表现良好之后，负债的安全边际下降，经济实体从内部融资转为依赖举债，并通过负债收购现有资产。因此，一度稳健的金融体系变得越来越脆弱。

——明斯基和惠伦，1996，p. 4

货币经理资本主义逐渐取代了家长式资本主义的阶段，削弱了这些提供安全性的机构。

当人们认为，迅速发展的金融体系和经济的其他结构性变化带来了压力，毫不奇怪，经济不安全问题已经十分普遍。随着家长式金融结构的结束，企业的家长主义也在消退。在整个部门的购并过程时，在公司董事会需要慢慢削减开支，寻找成本较小的投资方案时，各个层级的员工均面临风险。

——明斯基和惠伦，1996，pp. 5–6

许多家庭无法从经济复苏中前瞻性地识别衰退。尽管目前收益明显，生产率也有提高，但是摩根士丹利首席经济学家斯蒂芬·罗奇总结了大多数美国人的看法，“无论经济是否已经复苏，20 世纪 90 年代随处可见裁员、工作日延长、白领受冲击以及较为有限的新就业机会”。

——明斯基和惠伦，1996，p. 8

摆在当前经济学家和政策制定者面前的任务是不要忘记

过去的宝贵经验教训，迎接即将到来的千年挑战，这些教训主要包括：(1) 资本主义有多种形式；(2) 通过公共政策设立的机构，对决定资本主义形式起着至关重要的作用；(3) 自由放任政策不可能从本质上避免经济灾难。

——明斯基和惠伦，1996，p. 8

明斯基认为，未来有两种模式。一种是敌对的、不文明的“堡垒”资本主义，另一种是乐观的、人性化的“共享繁荣”的资本主义。很明显，他去世后，我们追求的是前者。这是一条通向灾难之路，因为正如明斯基所说，“只有经济学家和政策制定者认识到人们对不确定性和不安全感的容忍有限度时，资本主义才能成功”（明斯基和惠伦，1996，p. 9）。今后的任务是减少不安全因素，同时确保“开放和民主社会的文明标准”（明斯基和惠伦，1996，p. 10）。这些目标相辅相成。

短期内，社会可以选择追求“高业绩”的增长路径还是“低工资”路径。前者如统一后的德国，虽然这远未达到完善（欧元区其他国家提高工资水平时，德国维持工资水平不变，使得德国成为低价生产商；中国在很多方面也是如此。虽然也是不够完善，因为中国刚成为低工资竞争者，而且中国经济增长造成了城乡生活水平的不平等）。而低工资路径则被诸多发展中国家采用，连发达国家美国也采用了该模式。

该路径对于任何人口大国来说，都是不可持续的。从许多方面来评估，美国很快落在其他发达国家的后面，它的公共基础设施绝对达不到发达国家标准。它拒绝提供低成本而普及的卫生保健和大学教育（目前几乎是发达国家最低的学校教育水平）。其退休保障制度无法满足日益老龄化社会的要求，大部分工人没有明显的个人金融储蓄，而且其社会保障机制持续被私有化支持者攻击，他们期望把社会保障交给华尔街管理。

明斯基也不断地哀叹美国“公共消费”的状态。作为意大利贝加莫的临时居民，明斯基喜欢在晚上散步（漫步在鹅卵石铺成的街道和广场），而贫困的美国人只能选择乏味的商场（很多已经倒闭和关门）。这也许有点意大利式的盲目乐观，自欧元危机以来，那里的生活水平已经下降。任何一个去过欧洲（甚至英国！）的人都明白明斯基的意思。[28]

结　论

在过去的几十年里，“市场运作促进公共利益”的理念得到普及。明斯基提出质疑：如果不是这样，会发生什么呢？那么，约束和干预体系可以更好地发挥功能。他想建立制度的“上限与下限”，以约束现代经济天然的、内在的不稳定性。他还认为我们需要让“产业”超越“投机”（回顾凯恩斯著名的二分法），而不是相反，否则经济的资本发展将以两种方式错误运行：斯密 / 新古典主义方式或凯恩斯 / 总需求方法。如果投资不当（斯密问题），我们不仅会浪费资源，而且会导致繁荣和萧条。如果投资太低（凯恩斯难题），我们不仅会遭受失业，而且利润太低难以支持支付承诺——导致违约。

此外，当“产业”利润太低时，金融部门就会出现问题，因为该产业部门的承诺也无法实现。在这种情况下，个人追求利润的行为将导致不一致的后果，金融市场、劳动力市场和商品市场相互影响，导致工资和价格下降，产生债务紧缩。

斯密的理想观点是，债务通缩并非内生，而是必须产生于外部因素，包括“肥尾的黑天鹅效应”，而且也来自过多的政府管制和干预。因此，解决方案是放松管制、精简政府和减税，并使市场更加灵活以能够对意外的黑天鹅事件的“冲击”迅速做出反应。

明斯基认为，金融结构已经从稳健转变为脆弱，因为这是各行为者对经济良好运作的自然反应。如果政策制定者明白这一点，他们可以制定政策以减缓这一转变过程，在危机发生时应对危机。对明斯基来说，斯密的理想无非就是相信“看不见的手在挥动”。

明斯基承认他的方法充满悲观主义：稳定中蕴含着不稳定。对于不稳定没有最终解决方案。但是明斯基从根本上对未来仍持乐观态度：我们可以比之前做得更好。

注　释

推荐序

http://www.bard.edu/library/archive/minsky/.

导　论

1. Hyman P. Minsky, *John Maynard Keynes* (New York: Columbia University Press, 1975).
2. Minsky, *John Maynard Keynes*.
3. 明斯基 1982 年的著作为《危机还会再度发生吗》(*Can "It" Happen Again?*)，书中观点是不一定。但随着 1980 年金融体系的变革，他倾向于肯定答案。
4. *The Financial Crisis Inquiry Report: Final Report of the National Commission on the Causes of the Financial and Economic Crisis in the United States*,http://www.gpo.gov/fdsys/pkg/GPO-FCIC/content-detail.html.

5. William K. Black, *The Best Way to Rob a Bank is to Own One:How Corporate Executives and Politicians Looted the S&L Industry*(Austin, TX: University of Texas Press, 2005).

6. 参见：Joe Nocera, “Inquiry Is Missing Bottom Line,” *Talking Business*, *New York Times*,January 28, 2011, www.nytimes.com/2011/01/29/business/29nocera.html；Gretchen Morgenson, “A Bank Crisis Whodunit, with Laughs and Tears,” Fair Game, *New York Times*, January 29,2011,www.nytimes.com/2011/01/30/business/30gret.html。

7. 参见：James A. Felkerson, “$29,000,000,000,000: A Detailed Look at the Fed's Bailout by Funding Facility and Recipient,” Annandale-on-Hudson,NY: Levy Economics Institute, Working Paper No. 698, December 2011, http://www.levyinstitute.org/pubs/wp_698.pdf, and L. Randall Wray, “The Lender of Last Resort:A Critical Analysis of the Federal Reserve's Unprecedented Intervention after 2007,” Annandale-on-Hudson,NY: Levy Economics Institute, Research Project Reports, April 2013,http://www.levyinstitute.org/publications/the-lender-of-last-resort-a-critical-analysis-of-the-federal-reserves-unprecedented-intervention-after-2007。

8. 抛售资产后，价格崩盘，出现欧文·费雪称为“债务通缩”的现象。此时，所有人都会破产，加剧经济衰退的状况。

9. http://en.wikipedia.org/wiki/Andrew_W._Mellon#Great _Depression.

10. 克鲁格曼指的是明斯基 1986 年出版的《稳定不稳定的经济》。

11. Paul Krugman, “Actually Existing Minsky,” The Conscience of a Liberal, *New York Times*, May 19, 2009, http://krugman.blogs.nytimes.

com/2009/05/19/actually-existing-minsky/?_php=true&_type=blogs&_r=0.

12. 自 20 世纪 90 年代初，明斯基在利维经济研究所首次举办主题为“重建金融体系”的会议后，为了纪念他，研究所每年都会举办类似的活动。
13. Janet Yellen, 2009, http://www.frbsf.org/our-district/press/presidents-speeches/yellen-speeches/2009/april/yellen-minsky-meltdown-central-bankers/.
14. Paul Krugman, “Frustrations of the Heterodox,” The Conscience of a Liberal, *New York Times*, April 25, 2014, http://krugman.blogs.nytimes.com/2014/04/25/frustrations-of-the-heterodox/?_php=true&_type=blogs&_r=0.
15. Hyman P. Minsky, “Securitization,” 1987, published as Levy Policy Note 2008/2, June 2008, http://www.levyinstitute.org/publications/securitization.
16. 事实上，政策制定者们并不像如今宣称的那样一无所知。早在 1994 年初，联邦公开市场委员会的会议就讨论到了资产价格泡沫。有些委员会成员在 21 世纪初便对抵押市场上的房地产泡沫和普遍存在的欺诈行为提出警告。美联储 2004 年曾提高过利率，2006 年 7 月甚至利率达到 5.25%。但不可否认，美联储确实忽略了高杠杆和影子银行的内在联系。只要关注金融部门，便会发现在监管较少的影子银行面前，商业银行缺乏竞争力，正在逐步丧失市场。影子银行这个概念也是麦卡利首度提出的（http://media.pimco.com/

Documents/GCB %20Focus%20May%2009.pdf ）。

17. Adam Smith, *An Inquiry into the Nature and Causes of the Wealth of Nations*, 5th ed., Edwin Cannan, ed. (London: Methuen and Co., Ltd., 1904).

18. Hyman P. Minsky, *John Maynard Keynes* (New York: Columbia University Press, 1975 ；New York: McGraw-Hill,2008).

第 1 章　明斯基一生的主要贡献

1. Hyman P. Minsky, "Beginnings," in *Recollections of Eminent Economists*, Volume 1, Jan A. Kregel, ed. (New York: Macmillan Press, 1988): 169–79,originally published in *Banca Nazionale del Lavoro*, No. 154, September 1985, 172.

2. Minsky, 1992a, "Reconstituting."

3. Two good—albeit brief—references are Minsky, "Beginnings," in Kregel, 1988, and Dimitri B. Papadimitriou, "Minsky on Himself," in *Financial Conditions and Macroeconomic Performance:Essays in Honor of Hyman P. Minsky*, Steven Fazzari and Dimitri B. Papadimitriou, eds. (Armonk, NY: M. E. Sharpe, 1992). The discussion in this section draws on those references, plus my own memories.

4. Minsky, "Beginnings," in *Kregel*, 1988, 178.

5. Minsky, "Beginnings," in *Kregel*, 1988, 172.

6. 明斯基认识很多第二次世界大战后的诺贝尔经济学家，包括萨缪尔森、弗兰科・莫迪利安尼、托宾、罗伯特・索洛、肯尼斯・阿罗等。

遗憾的是，他与诺贝尔奖无缘，主要因为他是非主流经济学家，而且不再为著名学术杂志投稿。尽管在早年的学术生涯里，他在许多高级学术刊物也发表过文章，但他很快就对这类杂志要求的那类简单数学模型感到厌恶。他发现自己能更好地用语言而非数学模型来解释更为复杂的经济学理念。这也可能是为什么克鲁格曼在阅读了1986年明斯基的著作后抱怨其"文风晦涩、文章冗长"。大部分经济学理论比较简单，因此便于建模。但很重要的一点是，数学建模限制了理论发展。与凯恩斯一样，明斯基放弃了数学（两人均获得了数学学士学位），因此能充分开发更复杂的理论。不幸的是，现代的经济学家习惯于"晦涩文风"，而克鲁格曼坦率地评论称："我需要花几十年时间才能真正理解凯恩斯的观点。"

7. 参见：John G. Gurley and Edward S. Shaw, *Money in a Theory of Finance* (Washington, DC: Brookings Institution, 1960)。明斯基认可格利和肖所坚持的，不明显划分商业银行和明斯基所称的"非银行的银行"（后来被保罗·麦考利称为影子银行）的理念。明斯基深受格利和肖的影响，认为非银行的银行所发行的债务与银行存款展开竞争。正如明斯基后期所称的，任何人均能创造货币。

8. Last year's version was held at the National Press Club in Washington, DC, on April 11 and 12, 2014.

9. 此领域的著作多在其去世后才出版。Minsky, *Ending Poverty: Jobs, Not Welfare*, (Annandale-on-Hudson,NY: Levy Economics Institute, 2013). http://www.amazon.com/Ending-Poverty-Jobs-Not-Welfare/dp/1936192314/ref=sr_1_1?ie=UTF8&qid=1366125357&sr=8-1&keywor

ds=ending+poverty+jobs+not+welfare.

10. Hyman P. Minsky, *Stabilizing an Unstable Economy* (New York: McGraw-Hill,2008): 255. Originally published in 1986 by Yale University Press, New Haven, CT.
11. Minsky, *Stabilizing an Unstable Economy*, 255.
12. Minsky, "Central Banking and Money Market Changes," *Quarterly Journal of Economics* 71, No. 2 (May 1957): 171–87.
13. 斯特凡妮·贝尔与雷修正了明斯基的著作，论证了全职工作对于减贫的重要性（第 5 章讨论）。Stephanie Bell and L. Randall Wray, "The War on Poverty after 40 Years: A Minskyan Assessment," Public Policy Brief No. 78, June 2004, http://www.levyinstitute.org/publications/the-war-on-poverty-after-40-years.
14. 在欧洲，该资本主义阶段通常被称为社会民主制。尽管新政兴起于美国，但大部分西方发达国家所采取的金融机构监管政策与美国类似。
15. L. Randall Wray, "Ford–Levy Institute Projects: A Research and Policy Dialogue Project on Improving Governance of the Government Safety Net in Financial Crisis," Levy Economics Institute Research Project Report, Annandale-on-Hudson,NY: Levy Economics Institute, April 2012. http://www.levyinstitute.org/ford-levy/governance/.
16. Hyman P. Minsky, *Stabilizing an Unstable Economy* (New Haven, CT: Yale University Press, 1986；New York: McGraw-Hill,2008), 297.
17. 对此现象进行全面解释比较复杂。贸易平衡是影响经常账户均衡的主要因素。现在不深入分析的原因在于，如果一国出现经常账户赤字但政府预算均衡，这意味着国内私人部门为赤字（支出大于收入）。私人部门赤字意味着不稳定，因为它们需要私人部门进一步增加负债。这恰好勾勒了美国自20世纪90年代末直至全球金融危机的情况。若经常账户出现赤字，为了避免私人部门赤字，则政府预算赤字至少应该等于经常账户赤字。这种要求解释了在规划大政府的合理规模时必须要考虑贸易均衡——政府赤字能抵消投资波动，但也会抵销经常账户赤字。一旦我们考虑上述因素，就会发现在美国，联邦政府支出应该接近于GDP的25%，而税收应该平均为20%，这意味着预算赤字会保持在正常水平。

18. 注意此处明斯基提到的是《格拉斯 – 斯蒂格尔法案》，该法案将投资银行业务从商业银行业务中隔离。实际上，这种业务隔离于1999年终止。然而，这令大银行受益，几年后这些银行成为导致全球金融危机的主要机构。

第2章　宏观经济与未选择的道路

1. Hyman P. Minsky, *Stabilizing an Unstable Economy* (New Haven,CT: Yale University Press, 1986).
2. 当我们谈及主流凯恩斯主义时，我们会对“凯恩斯”加引号，这也是约翰·罗宾逊所称的“杂牌凯恩斯主义”。
3. 1937年，约翰·希克斯创造了IS-LM模型，通过简单框架解释凯恩斯理论，该框架能用于比较“凯恩斯主义”和“古典主义”结论。
4. John Maynard Keynes, *General Theory of Employment, Interest,and Money*

(New York and London: Harcourt Brace Jovanovich,1964)；new edition has Krugman's introduction (London: Macmillan,1936, reprinted 2007).

5. 本章中，我只对传统方法的主要原则简单介绍，读者可以自行阅读引文。详尽的介绍和参考文献可以参见常见的宏观经济教科书。The Samuelson (1973) text is useful for the "Keynesian" neoclassical synthesis；for the post-1970s developments, the text by Gregory Mankiw, *Macroeconomics*, 8th ed., (New York: Worth Publishers, 2012),is good for undergraduates, and Brian Snowdon and Howard R.Vane, *Modern Macroeconomics*: *Its Origins*, *Development and Current State* (Cheltenham, UK: Edward Elgar Publishing, 2005), provides a more advanced examination.
6. Paul A. Samuelson, *Economics*, 9th ed. (New York: McGraw-Hill,1973).
7. 参见：Don Patinkin, *Money*, *Interest*, *and Prices*: *An Integra- tion of Monetary and Value Theory*, 2nd ed. (New York: Harper & Row,1965), and Minsky, *Stabilizing an Unstable Economy*, 1986。
8. Karl Brunner, "The Role of Money and Monetary Policy," Federal Reserve Bank of St. Louis Review, 1968；Milton Friedman, *The Optimal Quantity of Money and Other Essays* (Aldine: Chicago,1969).
9. Robert Skidelsky, *Keynes: Return of the Master* (New York: Public Affairs, 2009): xiv.
10. Eugene Fama, "Efficient Capital Markets: A Review of Theory and Empirical Work," *Journal of Finance*, 25, no. 2 (1970).
11. Robert Skidelsky, *Keynes: Return of the Master* (New York: Public

Affairs, 2009): xviii.

12. 施托克和沃森总结认为，大缓和时代的稳定性要归功于不明因素，并不是因为经济结构或货币政策的改良。运气是形成大缓和时代的主要因素。[J. H. Stock and M. W. Watson, "Has the Business Cycle Changed and Why?" *NBER Macroeconomics*, 17 (2002): 159–218.J. H. Stock and M. W.Watson, "Understanding Changes in International Business Cycle Dynamics," *Journal of the European Economic Association*, 3, no. 5(2005): 968–1006.)]

13. 这并非代表着传统学派完全忽视货币。实际上，之前讨论过，所有真实商业周期方法均试图令货币发挥作用，即让货币"非中性"。然而，货币的作用一直无法令人信服，哈恩曾说得很清楚（如下文所引）。传统方法均不能令货币成为生产对象。在凯恩斯看来，传统经济学的研究主体不是企业家经济，尽管可能会使用货币，但并非必要。

14. 参见：Frank H. Hahn, "The Foundations of Monetary Theory," (1987): 172–94 in L. RandallWray, ed., *Theories of Money and Banking, Volume II: Alternative Approaches to Money, Financial Institutions and Policy* (Cheltenham, UK: Edward Elgar Publishing, 2012)。

15. Charles A. E. Goodhart, "Money and Default," in Mathew Forstater and L. Randall Wray, eds., *Keynes for the Twenty-First Century: The Continuing Relevance of the General Theory* (New York: Palgrave Macmillan, 2008): 213–223.

16. "The End of Laissez-Faire," in John M. Keynes, *The Collected Writings*

of John Maynard Keynes: Essays in Persuasion, vol. IX (London and Basingstoke: Royal Economic Society, 1978): 272–294.

17. 通常认为，20 世纪 60 年代的“凯恩斯主义”政策导致了 20 世纪 70 年代的滞胀。

18. 所有经济学教科书中所阐述的原理是，如果投资提高 100 美元，那么总收入会加倍增加，例如变为四倍。原因在于投资会提高收入和就业，这些工人会将大部分收入用于消费，带动更多的销售，并拉动就业和收入的增加。额外雇用产生的“诱发性”消费是投资的“乘数”效应。（凯恩斯认为政府支出也有类似效果。）

19. 经济停滞的有关论文近期受到主流凯恩斯主义者如拉里·萨默斯［“U.S. Economic Prospects: Secular Stagnation, Hysteresis, and the Zero Lower Bound,” in *Business Economics* 49 (2014): 65–73］和保罗·克鲁格曼（“Three Charts on Secular Stagnation,” The Conscience of a Liberal, *New York Times*, May 7, 2014, http://krugman.blogs.nytimes.com/2014/05/07/three-charts-on-secular-stagnation/?_r=0）的支持。简言之，问题在于尽管 100 美元的投资可能通过支出乘数效应将需求提高至 400 美元，但投资带来的额外产能可能会更大，譬如达到 600 美元。这意味着存在过剩产能，为此投资动力会降低。这会进一步抑制需求——经济增速受到影响，我们迎来停滞。瓦特、沃克（Vatter and Walker, *The Rise of Big Government in the United States*. Armonk, NY: M. E. Sharpe,1997) 认为，按照凯恩斯的理论，唯一的方法是增加政府支出以提高需求。

20. 参见：Hyman P. Minsky, “Discussion,” *American Economic Review*,53, no.

2 (1963): 401–12,and Wynne Godley and L. Randall Wray, "Can Goldilocks Survive?" Policy Notes (1999) 1999/4, Annandale-on-Hudson,NY: Levy Economics Institute。

21. John M. Keynes, "How to Avoid the Slump," *The Times*, January 12–14, 1937. Reprinted in D. E. Moggridge, ed., *The Collected Writings of John Maynard Keynes*, vol. 21, (London: Macmillan,1973): 384–395.

22. Minsky, *Ending Poverty: Jobs, Not Welfare* (Annandale-on-Hudson, NY: Levy Economics Institute, 2013).

23. Stephanie Bell, "Do Taxes and Bonds Finance Government Spending?" *Journal of Economic Issues*, 34, no. 3 (2000): 603–620； L. R.Wray, *Understanding Modern Money: The Key to Full Employment and Price Stability* (Northampton, MA: Edward Elgar, 1998).

24. Minsky, "The Reconsideration of Keynesian Economics," Working Paper, Washington University at St. Louis, April 7, 1970, in Hyman P. Minsky Archive, Paper 475, http://digitalcommons.bard.edu/hm_archive/475.

25. Abba Lerner, "Functional Finance and the Federal Debt," *Social Research:An International Quarterly* 10, no. 1 (Spring 1943): 38–51,and "Money as a Creature of the State," *The American Economic Review*, 37, no. 2 (May 1947), Papers and proceedings of the fifty-ninth annual meeting of the American Economic Association, 312–317.

第 3 章　金融不稳定假说

1. Hyman P. Minsky, *Stabilizing an Unstable Economy* (New Haven, CT:

Yale University Press, 1986).

2. C. Campbell and Hyman P. Minsky, "How to Get Off the Back of a Tiger or, Do Initial Conditions Constrain Deposit Insurance Reform?" in Federal Reserve Bank of Chicago, ed.,*Proceedings of a Conference on Bank Structure and Competition* (Chicago: FederalReserve Bank of Chicago, 1987): 252–266.

3. 这是早期讨论的希克斯－汉森模型，该模型规范了保罗·萨缪尔森的新古典综合派版本的凯恩斯理论。IS-LM 模型是基于两个市场的平衡，IS 市场（当投资等于储蓄时达到平衡）和 LM 市场（货币供给等于货币需求），还有第三个市场——债券市场，代表更普遍的金融资产。假设只有三个市场（投资和储蓄、货币以及债券），那当两个市场达到均衡时（IS 和 LM 市场），第三个市场必然也是均衡的。这个模型有很多问题，最初是由约翰·希克斯在 1937 年提出的。J. R. Hicks, "Mr. Keynes and the 'Classics': A Suggested Interpretation," *Econometrica*, 5, no. 2 (April 1937): 147–159. 之后他又推翻了该理论，John Hicks, "IS-LM:An Explanation," *Journal of Post Keynesian Economics*, 3, no. 2 (Winter 1980–1981):139–154，声称该模型不具连贯性。然而，该模型仍被用于经济学课程讲授，以及真实政策制定参考。该模型较现代的版本是货币共识，用利率确定货币政策曲线取代 LM 曲线（遵循泰勒规则）。我们不会细究模型间的差别，因为即使对模型不甚熟悉，也不影响后文的讨论。

4. 弗里德曼认为中央银行能够而且应该维持固定货币供应增长率，例如，每年 4%。这个提议基于他对货币数量论的改良，也就是著名等式：MV=PQ。这里 M 是指货币供应，V 是指货币流通速度，P 是指总物价指数，Q 是指真实产出。弗里德曼假设 V 相对稳定，Q 根据真实经济产出相对稳定的增长。在这种情况下，货币供应增长量决定了 P 的增长，即通货膨胀增长率。因此，通过控制货币供应增长，中央银行能够控制通货膨胀。

5. Hyman P. Minsky, "A Theory of Systemic Fragility," in E. I. Altman and A. W. Sametz, eds., *Financial Crises* (New York: Wiley,1977): 138–152.

6. Hyman P. Minsky, "Central Banking and Money Market Changes," *Quarterly Journal of Economics*, 71, no, 2 (May 1957): 171.

7. Hyman P. Minsky, *John Maynard Keynes* (New York: Columbia University Press, 1975).

8. 举例说，假设生产一台机器的成本是 100 美元。生产者还需 50 美元作为利息成本、管理费用和利润。有充足内部资金的企业可以用 150 美元购买这台机器。然而，如果需要外部资金，供应价格可能会更高，例如 175 美元，来负担支付贷款人的利息成本。就是说，消费者要花费 175 美元来取得依靠外部融资厂家生产的资本资产，这个供应价格包含生产成本、生产者的利润以及融资成本。

9. 如果资产价格大幅上升，庞氏个体或许能够通过出售资产来偿还债务。在 2006 年前的火热的房地产市场，许多屋主都是这种情况，收入不足以支付抵押贷款。但如果房价急速上升，他们可以卖掉房产还清抵押贷款，或以更优惠利率融资。

10. 卡莱斯基关系以卡莱斯基（一位波兰经济学家，曾与凯恩斯在剑桥大学共事）命名。他指出，如果假设 GDP 等于国民收入，那在总体层面，总利润等于投资加政府赤字加净出口加利润再消费，减去工资储蓄部分。之后他将此恒等式转变为关系，指出利润不受商业和其他变量控制。“经典的”简化版本假设上述等式的最后两个变量为零（劳动者不储蓄，资本家不消费），利润就等于投资减去预算赤字加净出口。其他变量不动，增加投资会相应提高总利润。参见：M. Kalecki, Collected Essays on the Dynamics of the Capitalist Economy 1933–1970 (Cambridge, UK: Cambridge University Press, 1971)。

11. Minsky, *Stabilizing an Unstable Economy* (New Haven, CT: Yale University Press, 1986).
12. 参见：Hyman P. Minsky and Charles J. Whalen, “Economic Insecurity and the Institutional Prerequisites for Successful Capitalism,” Levy Working Paper No. 165, May 1996。
13. 参见：John Cassidy, “The Minsky Moment,” The New Yorker, February 4, 2008. http:// www.newyorker.com/magazine/ 2008/02/04/the-minsky- moment, and Edward Chancellor, “Ponzi Nation,” *Institutional Investor*, February 7, 2007. http://www.institutional investor.com/article.aspx?articleID=1234217#.VN-5cC7py1Q。
14. 在更具争议的凯恩斯版本中（新古典综合以及新凯恩斯经济学），失业是由工资黏性（以及物价）引起的。假如工资完全弹性，市场将通过降低工资消除失业。在这些版本的凯恩斯理论中，通过提高工资弹性或者政策来消除失业不良后果。相反，在凯恩斯理论中，更大的弹性反而可能导致失业加剧！对凯恩斯而言，工资相对稳定会提高市场稳定性。

15. 参见：Piero Ferri and Hyman P. Minsky, "Market Processes and Thwarting Systems," Annandale-on-Hudson, NY: Levy Economics Institute, Working Paper No. 64, November 1, 1991, and Minsky,1986。

第 4 章 货币与银行

1. Hyman P. Minsky, "Suggestions for a Cash Flow-Oriented Bank Examination," in Federal Reserve Bank of Chicago, ed., *Proceedings of a Conference on Bank Structure and Competition* (Chicago: Federal Reserve Bank of Chicago, 1975): 150–184.
2. Hyman P. Minsky, "Money, Other Financial Variables, and Aggregate Demand in the Short Run," in G. Horwich, ed., Monetary Process and Policy (Homewood, IL: Richard D. Irwin, 1967):265–294.
3. Hyman P. Minsky, "Private Sector Asset Management and the Effectiveness of Monetary Policy: Theory and Practice," *Journal of Finance*, 24, No.2 (1969): 223–238.Published by John Wiley and Sons. ©American Finance Association.
4. Paul Krugman, "Banking Mysticism, Continued," The Conscience of a Liberal, *New York Times*, March 30, 2012, http://krugman.blogs.nytimes.com/2012/03/30/banking-mysticism-continued/.
5. 他曾经开玩笑说芝加哥货币贷款人会因为拖欠还款打断借款人的腿。贷款人是真实的中介，必须先获得现金才能贷款出去。银行不是这样的，它们出借自己的借据。
6. 零售商每天结束时的确会将现金存起来，但大量现金在美国之外流通，国内一大部分现金在从事非法交易，零售商接受并存储的仅仅是银行每天创造贷款的极小一部分。

7. 当今通过电脑都能记录分录账目。在没有电脑之前，是通过钢笔和墨水记录的。因而说这些条目是凭空创造出来的也不全错，即使过程中使用了墨水，即便使用了纸张，实际使用的资源数量也是微不足道的。

8. 必胜客经常凭空制造负债——免费比萨的优惠券。必胜客并不需要在发放优惠券前做出比萨，而是可以凭空发放无限量的优惠券（当然并不是说这是明智的商业决策）。

9. 参见：Paul McCulley, “The Shadow Banking System and Hyman Minsky’s Economic Journey,” Global Central Bank Focus, May 2009, http://www.pimco.com/EN/Insights/Pages/Global%20 Central%20Bank%20Focus%20May%202009%20Shadow%20Banking%20and%20Minsky%20McCulley.aspx。

10. 分别是可协商取款订单及货币市场共同基金。

11. “跌破账面值”的意思是 1 美元的存款实际价值跌破 1 美元。有联邦存款保险公司保险的银行存款不会跌破账面值，因为有政府确保货币价值。然而，例如货币市场共同基金和其他由影子银行发行的类似负债则没有政府做担保。

12. 我们可以将其叫作“预付款”来区分银行和芝加哥的货币贷款人。银行出借自己发行的借据，而非真实出借现金。

13. 在今天量化宽松的大环境下，美联储会在银行系统留存大量超额准备金。美联储现在的政策是为超额准备金支付利息，来将联邦基金利率压低到特定利率而非更低。因为没有银行会愿意在联邦基金市场出借准备金，如果利率低于美联储超额准备金利率。银行只会保持超额准备金收取美联储支付的利息。

14. Basil Moore, *Horizontalists and Verticalists: The Macroeconomics of Credit Money* (Cambridge, UK: Cambridge University Press,1988).

15. Hyman P. Minsky, "Reconstituting the United States' Financial Structure: Some Fundamental Issues," Working Paper No. 69.Annandale-on-Hudson,NY: Levy Economics Institute, January 1992a, p. 12.

16. 储蓄存款是短期的定期存款。银行可以要求 30 天通知取款，不像是活期存款。定期存单（CD[s]）是长期定期存款，例如说 90 天的 CD[s]，提前取款会有罚息。

17. Hyman P. Minsky, "Financial Crises: Systemic or Idiosyncratic," Annandale-on-Hudson,NY: Levy Economics Institute, Working Paper, No. 51, April 1991, p. 13, http://digitalcommons.bard.edu/cgi/viewcontent.cgi?article=1243&context= hm_archive.

18. 每个债权人都有对应的债务人，而每个债务人也都有对应的债权人。

19. 过去，美国的存款和贷款机构发行共同份额存款，性质类似于银行定期存款，但从法律意义上讲，它们并不是。

20. 例如，当全球金融危机发生时，本打算出售给投资者的投资银行会发现手中的资产抵押证券滞销。

21. 如果企业无法为贷款支付利息，银行将会没收并销售企业的抵押品来降低损失。这是最后的办法，一般来讲银行并不愿意没收抵押物，特别是难以销售的非金融资产。

22. 参见：Martin Mayer, “The Spectre of Banking,” One-Pager No. 3,Annandale-on-Hudson,NY: Levy Economics Institute, May 2010。
23. “监察官”是指监管人员。
24. J. Schumpeter, *The Theory of Economic Development* (New Brunswick, NJ: Transaction Publishers, 1997 [1934]).
25. 此种情况下，商业银行为资本资产（例如机器、厂房等）生产阶段提供短期融资；投资银行则是为购买资本资产主体提供长期融资。
26. Rudolf Hilferding, *Finance Capital: A Study in the Latest Phase of Capitalist Development* (London: Routledge, 2006 [1910]).
27. 像高盛一类的投资银行对大萧条推波助澜的行为也是最为有趣的记录，出自 John Kenneth Galbraith，*The Great Crash* 1929 (New York: Houghton Mifflin Harcourt, 2009 [1954])。
28. 有兴趣了解明斯基对此所有观点的，可以参考利维研究所的这篇文章：L. Randall Wray, “What Should Banks Do? A Minskyan Analysis,” Public Policy Brief No. 115, September 2010, http://www.levyinstitute.org/publications/? docid=1301。加尔布雷思专门有一篇文章描述高盛，他对该银行业务活动的描述，读起来就像阅读 2007 年金融大危机的行为记录一样。

第 5 章　如何应对贫困与失业

1. Hyman P. Minsky, “Where Did the American Economy—and Economists—Go Wrong?” Unpublished manuscript, 1971. This is in the archives as “Further Rewrite” version of paper 428.

2. Hyman P. Minsky, "The Poverty of Economic Policy," Presented at the Graduate Institute of Cooperative Leadership, New York, July 14, 1975.
3. Hyman P. Minsky, "Institutional Roots of American Inflation," in N. Schmukler and E. Marcus, eds., *Inflation through the Ages:Economic, Social, Psychological and Historical Aspects* (New York:Brooklyn College Press, 1983): 265–277.
4. 明斯基的论文存档于利维经济研究所巴德学院，http://www.bard.edu/library/archive/Minsky/。他去世后，其关于贫困和就业的部分著作收入个人作品集：Hyman P. Minsky, *Ending Poverty: Jobs, Not Welfare, published by the Levy* Economics Institute, Annandale-on-Hudson,NY, 2013。
5. Michael Harrington, *The Other America*, (New York: Macmillan,1962)；reprint edition, paperback: (New York: Scribner, 1997).
6. 本小节借鉴了斯特凡妮·贝尔和 L. 兰德尔·雷的“向贫困宣战的 40 年后”（The War on Poverty after 40 Years），June 2004, 利维经济研究所公共简报 No. 78, http://www.levyinstitute.org/publications/the-war-on-poverty-after-40-years。
7. Hyman P. Minsky, "The Role of Employment Policy," in *Poverty in America*, Margaret S. Gordon, ed.
8. 引自乔希·莱温，他曾试图探索里根总统在 1976 年竞选演说中频繁引用的故事根源：“据大量新闻报道，里根引用的芝加哥‘福利皇后’原型是虚构出来的。”结果证明在芝加哥确实存在一位可能是故事原型的女性琳达·泰勒，但事实本身却比里根描述的复杂得多。参见：

http://www.slate.com/articles/news_and_politics/history/2013/12/linda_taylor_welfare_queen_ronald_reagan_made_her_a_notorious_american_villain.html。20年后，克林顿总统在1996年签署了一份中止联邦政府对穷人进行现金援助并将福利计划移交各州的法案，由此“结束了众所周知的社会福利”。参见：Barbara Vobejda, “Clinton Signs Welfare Bill amid Division,” *Washington Post*, August 23, 1996, p. A1, http://www.washingtonpost.com/wp-srv/politics/special/welfare/stories/wf082396.htm。

9. 正统凯恩斯学派虽采用了凯恩斯的部分观点，却将新古典主义经济学内容“移植”了进来，具体可参考前文相关论述。
10. 常用的隐喻为“水涨船高”。相关评论文章可参见 Marc-Andre Pigeon and L. Randall Wray, “Can a Rising Tide Raise All Boats? Evidence from the Clinton-Era Expansion,” *Journal of Economic Issues*, 34, no. 4 (2000): 811–845。
11. 帕夫林娜·切尔内瓦已经证明整个战后时期经济复苏的利益总是不均衡流向处于收入分配顶层的群体，且这种不公平现象随着每次经济复苏而日益加剧。在最近一次复苏中，全部经济收益的116%流入了前10%的群体。参见：Pavlina R. Tcherneva, “Growth for Whom?” One-Pager, No. 47, Annandale-on-Hudson,NY: Levy Economics Institute, October 6, 2014, http://www.levyinstitute.org/pubs/op_47.pdf。
12. 非裔美国人口的贫困率确实有所下降，但在“向贫困宣战”之前就已经呈下行趋势。这主要是因为南方人口为寻找更好的工作机会向北方进行了大迁移以及民权立法运动降低了种族歧视。
13. *Papers of U.S. Presidents*, Lyndon B. Johnson, 1963–1964.(Washington,

DC: U.S. Printing Office, 1965) 1: 375–380.

14. Judith Russell, *Economics, Bureaucracy, and Race: How Keynesians Misguided the WOP* (New York: Columbia University Press, 2004).
15. Hyman P. Minsky, “The Role of Employment Policy,” in *Poverty in America*, Margaret S. Gordon, ed. (San Francisco: Chandler Publishing Company, 1965).
16. Hyman P. Minsky, “The Poverty of Economic Policy,” Presented at the *Graduate Institute of Cooperative Leadership*, New York, July 14, 1975.
17. 明斯基在计算中使用了奥肯定律：失业率每降低 1%,GNP 上升 3%。
18. 参见：L. Randall Wray and Stephanie Bell, “The War on Poverty after 40 Years: A Minskyan Assessment” , Public Policy Brief,Annandale-on-Hudson,NY: Levy Economics Institute, No. 78,2004 ; and “The War on Poverty Forty Years On,” in *Challenge*, 47,no. 5 (September–October 2004): 6–29。
19. Hyman P. Minsky, “The Strategy of Economic Policy and Income Distribution,” *Annals of the American Academy of Political and Social Science*, 409 (September 1973): 92–101.
20. 明斯基认为相对于投资而言，消费应当在 GDP 中占据较高的份额。在他看来，高投资意味着不确定性增加。应当注意的是这里的消费不包括浪费型和环境破坏型消费。
21. Hyman P. Minsky, “Effects of Shifts of Aggregate Demand upon Income Distribution,” *American Journal of Agricultural Economics*,50, no. 2 (1968): 328–339.

22. 最后雇主计划的更多内容参见：Mathew Forstater, “Public Employment and Economic Flexibility,” Public Policy Brief No. 50, Annandale-on-Hudson, NY: Levy Economics Institute；Phillip Harvey, *Securing the Right to Employment* (Princeton, NJ: Princeton University Press, 1989)；Jan Kregel, “Currency Stabilization through Full Employment: Can EMU Combine Price Stability with Employment and Income Growth?” *Eastern Economic Journal*, 25, no. 1 (1999): 35–48；and L. Randall Wray, *Understanding Modern Money: The Key to Full Employment and Price Stability* (Northampton, MA: Edward Elgar, 1998)。
23. 参见：Nick Taylor, *American-Made: The Enduring Legacy of the WPA: When FDR Putthe Nation to Work* (New York: Bantam, 2009).24. Marc-Andre Pigeon and L. R. Wray, “Can a Rising Tide Raise All Boats? Evidence from the Clinton-Era Expansion,” *Journal of Economic Issues*, 34, no. 4, December 2000。
25. 参见：Marc-Andre Pigeon and L. R. Wray, “Demand Constraint and the New Economy,” in *A Post Keynesian Perspective on Twenty-First Century Economic Problems*, Paul Davidson, ed. (Aldershot,UK: Edward Elgar, 2002), pp. 158–194。
26. 我们将项目初始工资设定为破坏性最小的最低工资水平。然而，根据明斯基的观点，后续还应该逐步提高工资标准以缩小差距，因此项目工资增速应高于一般工资和劳动生产率增长速度，使收入分配向底层倾斜。
27. 雇用者不直接接触工资款项有助于减少腐败现象。

28. 需扣除非工资成本，但补贴不会过高，以免歪曲项目建立的最初意图。

第 6 章 全球金融危机

1. Hyman P. Minsky, “Securitization,” 1987, republished as Policy Note 2008/2, June 2008.
2. Hyman P. Minsky, “Securitization,” 1987.
3. Hyman P. Minsky, “Securitization,” 1987.
4. Hyman P. Minsky, “Reconstituting the United States’ Financial Structure: Some Fundamental Issues,” 1992, Annandale-on-Hudson,NY: Levy Economics Institute, Working Paper No. 69.
5. 明斯基所表达的是，明显的经济稳定会鼓励投资者、金融机构和企业家更愿意冒险。他们根据预期收入会借更多款，并创造出风险更大的金融工具。此外，监管者可能放松有关要求，因为他们认为下行风险已经减少。所有这些均增加了金融脆弱性，并因此加剧了金融不稳定。
6. 参见：L. Randall Wray, “The Rise and Fall of Money Manager Capitalism:A Minskian Approach,” Cambridge Journal of Economics,33, no. 4 (2009): 807–828,and Hyman P. Minsky, “The Transition to a Market Economy,” Working Paper no. 66, 1991, Annandale-on-Hudson, NY: Levy Economics Institute.
7. Ben S. Bernanke, “The Great Moderation,” Speech given at the meetings of the Eastern Economics Association, Washington, DC,February 20, 2004, www.federalreserve.gov/Boarddocs/Speeches/2004/20040220/default.htm.

www.federalreserve.gov/Boarddocs/Speeches/2004/20040220/default.htm.

8. 明斯基有时称其为“工业资本主义”阶段，参见：Hyman P. Minsky and Charles J. Whalen, “Economic Insecurity and the Institutional Prerequisites for Successful Capitalism,” Levy Working Paper No. 165, May 1996。其中重要的观点是工业需要为其昂贵的、长期的资本资产进行外部融资，因此它们需要求助于投资银行。

9. 参见：John Kenneth Galbraith, *The Great Crash* 1929 (New York:Houghton Mifflin Harcourt, 2009 [1954])。

10. 明斯基也称该阶段为“家长式资本主义”阶段，由大政府和大公司来照顾工人和家庭。Hyman P. Minsky and Charles J. Whalen, “Economic Insecurity and the Institutional Prerequisites for Successful Capitalism,” Levy Working Paper no. 165, May 1996.

11. Susan Strange, “*Casino Capitalism*” (Manchester, UK: Manchester University Press, 1997), Jane D’Arista, “*The Role of the International Monetary System in Financialization*” (Amherst, MA: Financial Markets Center, 2001), http://www.peri.umass.edu/fileadmin/pdf/financial/fin_darista.pdf.http://www.peri.umass.edu/fileadmin/pdf/financial/fin_darista.pdf.

12. 明斯基指出，金融结构“已经进化到现在的‘货币经理’资本主义阶段，金融市场和财务安排由基金经理主导……”。这类经理人供职于“管理着大量财务工具资产组合的机构”（明斯基和惠伦，1996，pp.3–4）。

13. 格雷欣法则通常适用于铸币，“劣币驱逐良币”，代表着以前用贵金属，例如黄金铸币的时期，人们通常会花掉低价值的货币（金币会被刮掉或者擦掉来收集贵金属），而储存高价值的货币。我们在此使用该术语来指代竞争压力会使“不良的行为”驱逐“良好的行为”。

14. 资本比率是净资本与资产的比例。资本比率越高，银行在资不抵债前所能抵御的损失越大。银行可以留存贷款损失准备金以覆盖最初的损失。当贷款损失准备金耗尽后，损失会削减净资本。减少资本比率或者贷款损失准备金能增加银行盈利能力，但也会增加破产风险。
15. 参见：Wray, 2009。
16. 参见：Minsky and Whalen, 1996。
17. 因此，“向贫困宣战”与丹尼尔·帕特里克·莫伊尼汉所撰写的论文“贫困文化”中的理念是一致的。“The Negro Family: The Case for National Action.” Office of Policy Planning and Research,U.S. Department of Labor, March 1965, http://www.dol.gov/dol/aboutdol/history/webid-meynihan.htm.
18. An NPR report, “Stopping the ‘Brain Drain’ of the U.S. Economy,” is here: http://www.scpr.org/news/2012/02/06/31135/stopping-the-brain-drain-of-the-us-economy/.
19. 参见：L. Randall Wray, “Surplus Mania: A Reality Check,” Policy Notes, 1999/3, Annandale-on-Hudson,NY: Levy Economics Institute；Wynne Godley and L. Randall Wray, “Can Goldilocks Survive?” Policy Notes, 1999/4, Annandale-on-Hudson, NY: Levy Economics Institute；and Wynne

Godley and L. Randall Wray, "Is Goldilocks Doomed?" *Journal of Economic Issues*, 34, no. 1 (March 2000): 201–206。

20. 然而，美国联邦政府在 20 世纪 20 年代已经实现财政盈余，而美国家庭发现他们能通过借款来为消费融资（如购买电器，在当时是技术创新）。1930 年，经济快速陷入不景气，政府预算也重新变成赤字，家庭停止借款。大萧条来了。很有趣的是，20 世纪 20 年代末是联邦政府在克林顿执政前最后一次实现预算盈余，而这一幕似曾相识。
21. 债务数据包括所有的债务，如政府、家庭、私有金融和非金融机构的债务。相比之下，在"大崩盘"之前的相关可比数据仅达到 300%，却导致了大萧条。因此这次的债务比率相对更高。
22. 参见：叶娃·涅尔西相与本书作者对于实证研究的批判，低于一定阈值的政府债务比率会降低经济增速。"Does Excessive Sovereign Debt Really Hurt Growth? A Critique of 'This Time Is Different,' by Reinhart and Rogoff," Annandale-on-Hudson,NY: Levy Economics Institute, Working Paper No. 603, June 2010, http://www.levyinstitute.org/pubs/wp_603.pdf. 该研究基于缺陷理论及实证分析的错误 : "This Time is Different: Eight Centuries of Financial Folly," Challenge, 54, no. 1(January–February 2011): 113–120。
23. Walter Bagehot, *Lombard Street: A Description of the Money Market* (London: CreateSpace Independent Publishing Platform, 2012 [1873]).
24. 以惩罚性利率贷款并要求良好的抵押品，是为了确保贷款提供给具有偿付能力的有良好资产的银行，而不是提供给不具备良好抵押品的破产银行。一个健康的银行有良好的、有盈利能力的资产，能够支付惩罚性利息，该银行借款只是因为目前面临挤兑的流动性问题。

25. 关于危机应对的更详细的分析可以参见：Eric Tymoigne and L. Randall Wray, "*The Rise and Fall of Money Manager Capitalism: Minsky's Half Century from WWII to the Great Recession*" (New York: Routledge, 2013)。

26. 参见：Tymoigne and Wray, 2013。

27. 财政部（通过联邦存款保险公司）负责处置。处置破产银行还有其他办法，包括关闭并出售资产以清偿债务，或者与健康机构合并。

28. 该过程是非常具有技术性和复杂性的。细节参见：Tymoigne and Wray, 2013。

29. 美国财政部长汉克·保尔森曾经在金融危机之初从国会获得超过7 000亿美元来救助金融机构，但这些资金远远不够。

30. 参见：L. Randall Wray, "The Lender of Last Resort: A Critical Analysis of the Federal Reserve's Unprecedented Intervention after 2007," Annandale-on-Hudson,NY: Levy Economics Institute, Research Project Reports, April 2013, http://www.levyinstitute.org/publications/the-lender-of-last-resort-a-critical-analysis-of-the-federal-reserves-unprecedented-intervention-after-2007。

31. 参见：James Felkerson, "$29,000,000,000,000: A Detailed Look at the Fed's Bailout by Funding Facility and Recipient," Annandale-on-Hudson,NY: Levy Economics Institute, Working Paper No. 698, December 2011,

http://www.levyinstitute.org/pubs/wp_698.pdf。

32. 参见：the Ford–Levy Institute Project on "Financial Instability and the Re-regulation of Financial Institutions and Markets," http://www.levyinstitute.org/ford-levy/.www.levyinstitute.org/ford-levy/。

第 7 章　金融改革

1. Hyman P. Minsky, "A Theory of Systemic Fragility," in E. I. Altman and A. W. Sametz, eds., *Financial Crises* (New York: Wiley,1977): 138–152.©John Wiley and Sons.
2. Hyman P. Minsky, "Reconstituting the United States' Financial Structure: Some Fundamental Issues," Annandale-on-Hudson, NY:Levy Economics Institute, Working Paper No. 69, January 1992a.
3. 有些人把它们称为"大而不能进监狱"，而不是"大而不能倒"，最大的金融机构的高层管理人员没有因欺诈行为遭到起诉，即使他们所在的银行都承认多种欺诈，并各自支付了数百亿美元罚款。
4. Hyman P. Minsky. "Bank Portfolio Determination," from Hyman P. Minsky Archive, Annandale-on-Hudson,NY: Levy Economics Institute, January 1, 1959. 本部分所有引用都来自这篇早期报告。
5. 通过使用"银行现金"（banker's cash），明斯基指的是中央银行的储备用来支付其他银行清算和储户提款。在这里，他认为与贷款相比，银行对可交易的资产愿意接受较低的利率，部分是因为它们节省了因提款（和结算）带来的必要借贷成本，否则银行只能卖证券以获得储备。
6. 利率风险一般随到期期限的增加而增加。如果今天银行贷款利率是

4%，并支付接近0利率的存款，贷款就可以获利。但如果利率普遍上升，使银行被迫支付存款2%的利息，4%贷款就不再好了。这种损害的典型例子是美国20世纪80年代初的储贷机构危机。银行和储蓄机构通常发放30年固定利率6%~7%的抵押贷款，它在银行负债存款成本是2%~3%时是好的。当美联储主席沃克尔推动短期利率高于20%以对抗通胀时，银行不得不对短期负债支付更多利率，但它们还持有低利率按揭，它们发放的抵押贷款累积了巨大损失。这是“发起—发售”模式建立的原因之一，它将利率风险转移给证券化的抵押贷款持有者。

7. 林肯储蓄和贷款机构确实是这样的，一个储贷危机中最臭名昭著的骗子在管理，查尔斯·基廷——得到五名美国参议员的关照，五人之一是约翰·麦凯恩，一个参选多年的总统候选人。

8. 参见：*The Great Crash 1929*。“哄抬股价”是指管理追求策略推动股票价格暂时上涨，以便市场意识到价格上涨是毫无根据的之前，出售股票。

9. Hyman P. Minsky, “The Capital Development of the Economy and the Structure of Financial Institutions,” Annandale-on-Hudson, NY: Levy Economics Institute, Working Paper No. 72, January 1992b.

10. Hyman P. Minsky, “Reconstituting the United States’ Financial Structure: Some Fundamental Issues,” Annandale-on-Hudson, NY:Levy Economics Institute, Working Paper No. 69, January 1992a.

11. Hyman P. Minsky, “Suggestions for a Cash Flow Oriented Bank Examination,” Paper No. 175, Hyman P. Minsky Archive, Annandale-on-

Hudson,NY: Levy Economics Institute, 1967.

12. 银行持有的相对资产的资本越多，回报越低。同等条件下，利润率按营业收入除以净资产确定。
13. 银行对资产持有的资本越多，资产收益率就越低，因为利润率是由资产收益率除以净资产决定的。
14. Hyman P. Minsky, “Reconstituting the Financial Structure: The United States,” Paper No. 18, Hyman P. Minsky Archive,Annandale-on-Hudson,NY: Levy Economics Institute, 1992c,http://digitalcommons.bard.edu/hm_archive/18.
15. C. Campbell and Hyman P. Minsky, “How to Get Off the Back of a Tiger, or, Do Initial Conditions Constrain Deposit Insurance Reform?” in Federal Reserve Bank of Chicago, ed., *Proceedings of a Conference on Bank Structure and Competition* (Chicago: Federal Reserve Bank of Chicago, 1987): 252–266.For a detailed discussion of Minsky’s views, see Jan A. Kregel, “Minsky and Dynamic Macroprudential Regulation,” Annandale-on-Hudson, NY: Levy Economics Institute, Public Policy Brief No. 131, 2014.
16. Hyman P. Minsky, “Regulation and Supervision,” Paper No. 443, Hyman P. Minsky Archive, Annandale-on-Hudson,NY: Levy Economics Institute, 1994, p. 6.
17. C. Campbell and Hyman P. Minsky, “Getting Off the Back of the Tiger: The Deposit Insurance Crisis in the United States,” Working Paper No. 121, Department of Economics, Washington University, February 1988, p. 6.

第 8 章 结论：以改革来促进稳定、民主、安全和平等

1. Hyman P. Minsky, "Banking and a Fragile Financial Environment," *Journal of Portfolio Management*, 3, no. 4 (Summer 1977): 22.
2. Hyman P. Minsky, "Reconstituting the United States' Financial Structure: Some Fundamental Issues," Working Paper No. 69.Annandale-on-Hudson, NY: Levy Economics Institute, January 1992a, p. 21.
3. 其实比这更复杂，因为如果富人以生产性资本（机器和工厂）的形式储蓄，这将会创造就业机会。问题是他们更倾向储存更具流动性的货币，广泛定义形式，不创造就业机会。正如凯恩斯所言，失业是因为“人们想要天上的月亮”，即金钱。
4. Hyman P. Minsky "Securitization," Annandale-on-Hudson, NY:Levy Economics Institute, Policy Note 2008/2, (1987) June 2008, http://www.levyinstitute.org/pubs/pn_08_2.pdf.
5. 苏斯博士书中的一个角色：苏斯博士（Theodor Seuss Geisel），参见 *Yertle the Turtle and Other Stories* (New York: Ran- dom House, April 12, 1958)。
6. Hyman P. Minsky, "Suggestions for a Cash Flow-Oriented Bank Examination," in Federal Reserve Bank of Chicago, ed., *Proceedings of a Conference on Bank Structure and Competition* (Chicago:Federal Reserve Bank of Chicago, 1975): 150–184.
7. 回顾引言中克鲁格曼的摘引，承认传统经济学家没能“注意到影子银行日益重要。经济学家们看到传统银行受存款保险的保护，但没意识到事实上超过一半的银行体系并不再像这样了”。http://

krugman.blogs.nytimes.com/2014/04/25/frustrations-of-the-heterodox/?_php=true&_type=blogs&_r=0.

8. Hyman P. Minsky, “Securitization,” Annandale-on-Hudson,NY: Levy Economics Institute, Policy Note No. 2, May 12, 1987 (2008c). 一个百分点等于 100 个基点。因此，赚取的 6.5% 资产利息与支付存款 2% 利率的差额等于 450 个基点。
9. 在那个时候，储备是非生息资产，是相对于存款必须持有的；今天，储备获得非常低但是正的利率，略微能降低发行存款成本。
10. 大部分“次级”和“Alt- A”风险贷款是利率可调整抵押贷款——如果利率提高，借款人可能有困难。此外，很多贷款都是“诱惑利率”—— 在前两年或前三年利率极低，然后上调非常高的利率。行业中这些贷款被称为“中子弹”，“杀掉”借款人留下其房屋（止赎和转售）。借款人唯一的希望就是房价上涨，市场利率不涨，借款人就可以在利率上调前获得更好的贷款。2004 年以后买房的人非常不幸，这简直就是一场白日梦。当利率上升，他们无法再融资，导致失去了自己的房屋。
11. 渐进主义是指当美联储调整利率时，一连串的小幅调整。通常是一段时期内最多一年 25~50 个基点。透明度是指美联储向市场传达其意图。这样来管理预期，以使市场对利率调整不感到意外。这有一个重要的假定，就是货币政策主要是通过改变预期来影响经济。这种观点是，如果美联储能让市场有低通货膨胀率和强劲增长的预期，那么经济将会经历低通胀和强劲增长。如果市场信任向导（最初是格林斯潘，后来是伯南克），所有谨慎即刻抛之云外。

12. Hyman P. Minsky, "The Economic Problem at the End of the Second Millennium: Creating Capitalism, Reforming Capitalism and Making Capitalism Work," prospective chapter, May 13, 1992d.Hyman P. Minsky Archive.
13. 几乎所有发达国家都提供儿童津贴。
14. 应对贫困、失业以及相关问题的社会支出已经占到了 GDP 的 10%，但并没有消除贫困和失业！
15. 发起抵押贷款的银行和抵押贷款机构并没有打算持有它们。相反，很快将它们出售给投资银行，投资银行将之打包证券化再卖给投资者。无论是贷款还是证券化都对借款人的信用评估有兴趣。
16. Hyman P. Minsky, "Reconstituting the United States' Financial Structure: Some Fundamental Issues," Working Paper No. 69.Annandale-on-Hudson,NY: Levy Economics Institute, January 1992a, p. 12.
17. Ronnie Phillips, *The Chicago Plan and New Deal Banking Reform* (New York: M. E. Sharpe, 1995).
18. 10 亿美元资产听起来很多，但以现在的标准只是一个小银行。请记住，美国有很多资产超过 2 万亿美元的银行。
19. Hyman P. Minsky, Dimitri B. Papadimitriou, Ronnie J. Phillips,and L. Randall Wray, "Community Development Banking: A Proposal to Establish a Nationwide System of Community Development Banks," Public Policy Brief No. 3, Annandale-on-Hudson,NY: Levy Economics Institute, 1993.
20. 据纽约时报报道："很多低收入人群没有银行账户（没有享受到金

融机构的服务），几乎背负着昂贵的费用活着。正如2010年圣路易斯联储指出的，没有银行账户的消费者花费了政府福利支票的2.5%~3%和工资支票的4%~5%，仅仅是兑现这些支票。其他的钱用来购买汇票以支付每月的例行支出。如果考虑每两周兑换一次工资支票和每月购买六张汇票的成本，一个净收入2万美元的家庭每年支付的替代费用是1 200美元，大大高于每月支票账户的费用。" Charles M. Blow, "How Expensive It Is to Be Poor," *New York Times*, January 18, 2015,http://www.nytimes.com/2015/01/19/opinion/charles-blow-how-expensive-it-is-to-be-poor.html?hp&action=click&pgtype=Homepage&module=c-column-top-span-region®ion=c-column-top-span-region&WT.nav=c-column-top-span-region.

21. 全能银行模式一般是指有一些大银行，提供全方位服务；在明斯基写书的时候，德国银行业体系比较接近全能银行模式，美国仍有一些分割。然而，他所提议的是，只有小的CDB才允许成为全能银行；大型金融机构仍按照功能进行划分。但是，明斯基去世后，美国的发展方向相反——废除了要求分业经营的《格拉斯–斯蒂格尔法案》。
22. 杠杆收购往往是被金融家进行的恶意收购，如迈克尔·米尔肯，他把目标瞄向债务很少的公司。收购采用有风险的债务融资，留下收购目标背负着沉重的债务和高额利息支出。金融家拿着费用收入离开。虽然米尔肯因诈骗被判入狱，但杠杆收购仍与我们同在。事实上，21世纪初的杠杆收购热潮在20世纪80年代已经相形见绌。
23. Yeva Nersisyan and L. Randall Wray, "The Trouble with Pensions," Levy Public Policy Brief, No. 109, March 2010. See also

Y. Nersisyan and L. R. Wray, "Transformation of the Financial System: Financialization,Concentration, and the Shift to Shadow Banking," in *Minsky, Crisis and Development*, D. Tavasci and J. Toporowski,eds. (Basingstoke, UK: Palgrave Macmillan, 2010): 32–49,for ageneral discussion of the long-term transformation to money manager capitalism.

24. 参见: Pavlina Tcherneva, "Growth for Whom?" One-Pager No. 47,October 2014, http://www.levyinstitute.org/publications/growth-for-whom。

25. Scott Bixby, "This Terrifying Chart Shows the Unstoppable Rise of the 0.1%", News.Mic, January 3, 2015, http://mic.com/articles /107622/this-terrifying-chart-shows-the-unstoppable-rise-of-the-point-one-percent.

26. 在当前经济中，这些业务密切相关，我们可以称之为"金融部门"。奥巴马医改后，我们几乎囊括了所有医疗保健行业，因为这个行业也已经彻底被"金融化"了。

27. Hyman P. Minsky and Charles J. Whalen, "Economic Insecurity and the Institutional Prerequisites for Successful Capitalism," Levy Working Paper No. 165, May 1996.

28. 对美国人短视的有趣生动的描述，参见："Is This Country Crazy? Inquiring Minds Elsewhere Want to Know," by Ann Jones, TomDispatch, January 11, 2015, http://www.tom dispatch.com/blog/175941/tomgram%3A_ann_ jones%2C_answering_for_america/。约只有十分之一的美国人拥有护照，这或许可以解释他们为什么不知道自己的国家比那些富有的国家落后了多少。

延伸阅读

金融不稳定与货币经理资本主义

1. Cassidy, J. 2008. "The Minsky Moment," *The New Yorker*, February 4,http://www.newyorker.com/magazine/2008/02/04/the-minsky-moment.

2. Chancellor, E. 2007. "Ponzi Nation," *Institutional Investor*, February 7.

3. Galbraith, John Kenneth. *The Great Crash 1929*, New York: Houghton Mifflin Harcourt, 2009 [1954].

4. McCulley, P. 2007. "The Plankton Theory Meets Minsky," Global Central Bank Focus, March. PIMCO Bonds, Newport Beach, CA: http://media.pimco.com/Documents/GCB%20Focus%20MAR%2007%20WEB.pdf.

5. Minsky, Hyman P. and Charles J. Whalen. "Economic Insecurity and the Institutional Prerequisites for Successful Capitalism," Levy Working Paper No. 165, May 1996.

6. Papadimitriou, D. B., and Wray, L. R. 1998. "The Economic Contributions of Hyman Minsky: Varieties of Capitalism and Institutional Reform,"

Review of Political Economy, 10, No. 2, pp. 199–225.

7. Whalen, C. 2007. “The U.S. Credit Crunch of 2007: A Minsky Moment,” Levy Economics Institute, Public Policy Brief, No. 92, http://www.levyinstitute.org/publications/the-us-credit-crunch-of-2007.
8. Wray, L. Randall. “Financial Markets Meltdown: What Can We Learn from Minsky?” Levy Public Policy Brief No. 94, April 2008a.
9. Wray, L. Randall. “The Commodities Market Bubble: Money Manager Capitalism and the Financialization of Commodities,” Levy Public Policy Brief No. 96, October 2008b.
10. Wray, L. Randall 2009. “The Rise and Fall of Money Manager Capitalism:A Minskian Approach,” *Cambridge Journal of Economics*, 33,no. 4, pp. 807–828.

贫穷、失业与最后雇主

1. Anderson, W. H. Locke. 1964. “Trickling Down: The Relationship between Economic Growth and the Extent of Poverty among American Families,” *Quarterly Journal of Economics*, 78, No. 4, 511–24.
2. Brady, David. 2003. “The Poverty of Liberal Economics.” *Socio-Economic Review*, 1, No. 3, 369–409.
3. Council of Economic Advisers. 1965. “Economic Report of the President,” Washington, DC: U.S. Government Printing Office.
4. Forstater, Mathew. 1999. “Public Employment and Economic Flexibility.” Public Policy Brief No. 50, Annandale-on-Hudson,NY: Levy

Economics Institute.

5. Harvey, Phillip. 1989. *Securing the Right to Employment*, Princeton, NJ:Princeton University Press.

6. Keynes, J. M. [1936] 1973. *The General Theory of Employment, Interestand Money*, New York: Harcourt Brace Jovanovich.

7. Kregel, Jan. 1999. "Currency Stabilization through Full Employment:Can EMU Combine Price Stability with Employment and Income Growth?" *Eastern Economic Journal*, 25, No. 1, 35–48.

8. Pigeon, Marc-Andre and L. R. Wray. 2000. "Can a Rising Tide Raise All Boats? Evidence from the Clinton-Era Expansion," *Journal of Economic Issues*, 34, No. 4.

9. Wray, L. Randall. 1998. *Understanding Modern Money: The Key toFull Employment and Price Stability*, Northampton, MA: Edward Elgar.

10. Wray, L. Randall. 2003. "Can a Rising Tide Raise All Boats? Evidencefrom the Kennedy-Johnsonand Clinton-eraexpansions," in *New Thinking in Macroeconomics: Social, Institutional and Environmental Pers- pectives*, Jonathan M. Harris and Neva R. Goodwin, eds.,Northampton, MA: Edward Elgar, pp. 150–81.

海曼·P. 明斯基在利维经济研究所的代表著作

利维工作论文

1. "Reconstituting the United States' Financial Structure: Some Fundamental

Issues," Working Paper No. 69, January 1992a.

2. "The Capital Development of the Economy and the Structure of Financial Institutions," Working Paper No. 72, January 1992b.
3. "Regulation and Supervision," Paper No. 443, Levy Economics Institute,1994.
4. "Uncertainty and the Institutional Structure of Capitalist Economies," Working Paper No. 155, April 1996.
5. Minsky, Hyman P., Dimitri B. Papadimitriou, Ronnie J. Phillips, and L. Randall Wray, "Community Development Banking: A Proposalto Establish a Nationwide System of Community Development Banks," Public Policy Brief No. 3, Levy Economics Institute, 1993.

利维经济研究所明斯基的手稿

(http://digitalcommons.bard.edu/hm_archive/)

1. "The Essential Characteristics of Post-Keynesian Economics" , April 13,1993.
2. "Financial Structure and the Financing of the Capital Development of the Economy" , The Jerome Levy Institute Presents Proposals for Reform of the Financial System, Corpus Christie, TX, April 23,1993.
3. "The Economic Problem at the End of the Second Millennium: Creating Capitalism, Reforming Capitalism and Making CapitalismWork," prospective chapter, May 13, 1992.
4. "Reconstituting the Financial Structure: The United States,"

prospectivechapter, four parts, May 13, 1992.

5. "Where Did the American Economy—and Economists—Go Wrong?" unpublished manuscript, May 20, 1971, further rewrite of Paper No. 428.

6. "Economic Issues in 1972: A Perspective," October 6, 1972, Paper No. 427.

其他公开发表的著作与文章

1. 1963. "Discussion." *American Economic Review*, 53, No. 2, 401–412.

2. 1965. "The Role of Employment Policy," in *Poverty in America*, Margaret S. Gordon, ed., San Francisco: Chandler Publishing Company.

3. 1968. "Effects of Shifts of Aggregate Demand upon Income Distribution," *American Journal of Agricultural Economics*, 50, No. 2,328–339.

4. 1973. "The Strategy of Economic Policy and Income Distribution." *The Annals of the American Academy of Political and Social Science*, 409 (September), 92–101.

5. 1975. "The Poverty of Economic Policy." An unpublished paper, presented at the Graduate Institute of Cooperative Leadership, July 14.

6. 1986. *Stabilizing an Unstable Economy*, New Haven, CT: Yale University Press.

7. 1987. (with Claudia Campbell) "How to Get Off the Back of a Tigeror, Do Initial Conditions Constrain Deposit Insurance Reform?" in *Merging Commercial and Investment Banking* (Proceedings of a Conference on

Bank Structure and Competition), Chicago: Federal Reserve Bank of Chicago, 252–266.

8. 1996. "Uncertainty and the Institutionalist Structure of Capitalist Economies: Remarks upon Receiving the Veblen-CommonsAward," *Journal of Economic Issues*, XXX, No. 2, June 1996, 357–368.

9. 2013. *Ending Poverty: Jobs, Not Welfare*, Annandale-on-Hudson, NY:Levy Economics Institute.

明斯基作品汇总

本部分列出了明斯基大部分已公开出版的著作、文章和工作论文。但是，读者需要在利维经济研究所明斯基存档中查询其他大量的未发表手稿，其中很多是明斯基后期的研究成果。

著作

1. Minsky, Hyman P. *John Maynard Keynes.* New York: Columbia University Press, 1975；New York: McGraw-Hill, 2008.
2. Minsky, Hyman P. *Can "It" Happen Again?* Armonk, NY: M. E. Sharpe, 1982.
3. Minsky, Hyman P. *Stabilizing an Unstable Economy.* New Haven, CT: Yale University Press, 1986；New York: McGraw-Hill, 2008.
4. Minsky, Hyman P. *Ending Poverty: Jobs, Not Welfare.* Annandale-on-Hudson,NY: Levy Economics Institute, 2013.

文章

1. Minsky, Hyman P. 1957. "Central Banking and Money Market Changes,"

Quarterly Journal of Economics, 71 (2), May: 171–187.

2. Minsky, Hyman P. 1957. “Monetary Systems and Accelerator Models,” *American Economic Review*, 47 (6), December: 859–883.
3. Minsky, Hyman P. 1959. “A Linear Model of Cyclical Growth,” *Review of Economics and Statistics*, 41 (2), Part 1, May: 133–145.
4. Minsky, Hyman P. 1961. “Employment, Growth and Price Levels: A Review Article,” *Review of Economics and Statistics*, 43 (1), February: 1–12.
5. Minsky, Hyman P. 1962. “Financial Constraints upon Decisions, an Aggregate View,” *Proceedings of the Business and Economic Statistics Section*,Washington, DC: American Statistical Association, 256–267.
6. Minsky, Hyman P. 1963. “Can ‘It’ Happen Again?” in *Banking and Monetary Studies*,Dean Carson, ed. (Homewood, IL: Richard D. Irwin). Reprintedin *Can “It” Happen Again?* Hyman P. Minsky, ed., 1982: 3–13.
7. Minsky, Hyman P. 1964. “Financial Crisis, Financial System and the Performanceof the Economy,” in *Private Capital Markets*, Commission on Moneyand Credit, ed., Englewood Cliffs, NJ: Prentice-Hall,173–380.
8. Minsky, Hyman P. 1964. “Long Waves in Financial Relations: Financial Factorsin the More Severe Depression,” *American Economic Review*, 54 (3),May, 324–335.
9. Minsky, Hyman P. 1965. “The Role of Employment Policy,” in *Poverty in America*,Margaret S. Gordon, ed., San Francisco: Chandler Publishing Company.

10. Minsky, Hyman P. 1965. "The Integration of Simple Growth and Cycle Models," in *Patterns of Market Behavior, Essays in Honor of Philip Taft*, Michael J. Brennan, ed., Lebanon, NH: University Press of New England. Reprinted in *Can "It" Happen Again?* Hyman P. Minsky, ed., 1982: 258–277.

11. Minsky, Hyman P. 1966. "Tight Full Employment: Let's Heat Up the Economy," in *Poverty: American Style*, Herman P. Miller, ed., Belmont, CA:Wadsworth Publishing Company, 294–300.

12. Minsky, Hyman P. 1967. "Financial Intermediation in the Money and Capital Markets," in *Issues in Banking and Monetary Analysis*, Giulio Pontecorvo,Robert P. Shay, and Albert G. Hart, eds., New York: Holt,Rinehart and Winston, Inc.

13. Minsky, Hyman P. 1967. "Money, Other Financial Variables, and Aggregate Demandin the Short Run," in *Monetary Process and Policy*, George Horwich, ed., Homewood, IL: Richard D. Irwin, 265–293.

14. Minsky, Hyman P. 1968. "Aggregate Demand Shifts, Labor Transfers, and Income Distribution," *American Journal of Agricultural Economics*, 50 (2),May: 328–339.

15. Minsky, Hyman P. 1969. "Private Sector Asset Manage- ment and the Effectivenessof Monetary Policy: Theory and Practice," *Journal of Finance*, 24 (2),May: 223–238.

16. Minsky, Hyman P. 1969. "The New Uses of Monetary Power," *Nebraska Journal of Economics and Business*, 8 (2), Spring. Reprinted in *Can*

*"It"Happen Again?*Hyman P. Minsky, ed., 1982: 179–191.

17. Minsky, Hyman P. 1972. "Financial Instability Revisited: The Economics of Disaster," in *Reappraisal of the Federal Reserve Discount Mechanism*, Boardof Governors, ed., Washington, DC, 95–136.Partly reprinted in*Can "It" Happen Again?* Hyman P. Minsky, ed., 1982.
18. Minsky, Hyman P. 1972. "An Evaluation of Recent Monetary Policy," *Nebraska Journal of Economics and Business*, 11 (4), Autumn: 37–56.
19. Minsky, Hyman P. 1972. "An Exposition of a Keynesian Theory of Investment," in *Mathematical Methods in Investment and Finance*, Giorgio Szegöand Karl Shell, eds., Amsterdam, New York, London: North-Holland.Reprintedin *Can "It" Happen Again?* Hyman P. Minsky, ed., 1982: 203–230.
20. Minsky, Hyman P. 1973. "The Strategy of Economic Policy and Income Distribution," *The Annals* (of the American Academy of Political and Social Science), 409, September, 92–101.
21. Minsky, Hyman P. 1973. "Devaluation, Inflation and Impoverishment: An Interpretationof the Current Position of the American Economy," *One Economist's View*, 1 (1): 1–7.St. Louis: Mark Twain Economic and Financial Advisory Service.
22. Minsky, Hyman P. 1974. "The Modeling of Financial Instability: An Introduction," *Modeling and Simulation*, 5, Part 1 (Proceedings of the FifthAnnual Pittsburgh Conference), 267–272.

Reprinted in *Compendium of Major Issues in Bank Regulation*,

Washington, DC: U.S. Government Printing Office, 1975, 354–364.

23. Minsky, Hyman P. 1975. "Financial Resources in a Fragile Financial Environment," *Challenge*, July–August:6–13.

24. Minsky, Hyman P. 1975. "Financial Instability, the Current Dilemma, and the Structure of Banking and Finance," in *Compendium of Major Issuesin Bank Regulation* (Washington, DC: U.S. Government Printing Office), 310–353.

25. Minsky, Hyman P. 1975. "Suggestion for a Cash Flow-Oriented Bank Examination," *Proceedings of a Conference on Bank Structure and Competition*, Chicago: Federal Reserve Bank of Chicago, 1975, 150–184.

26. Minsky, Hyman P. 1977. "A Theory of Systemic Fragility," in *Financial Crises*, EdwardI. Altman and Arnold W. Sametz, eds., New York: Wiley, 138–152.

27. Minsky, Hyman P. 1977. "An 'Economics of Keynes' Perspective on Money," in *Modern Economic Thought*, Sidney Weintraub, ed., Philadelphia: University of Pennsylvania Press, 295–307.

28. Minsky, Hyman P. 1977. "The Financial Instability: An Interpretation of Keynesand an Alternative to 'Standard' Theory," *Nebraska Journal of Economics and Business*, 16 (1), Winter: 5–16.

Reprinted in *Challenge*,March–April:20–27, and in *Can "It" Happen Again?* Hyman P. Minsky, ed., 1982.

29. Minsky, Hyman P. 1977. "How 'Standard' Is Standard Economics?" *Society*,March–April:24–29.

30. Minsky, Hyman P. 1977. "Banking and a Fragile Financial Environment," *Journal of Portfolio Management*, Summer: 16–22.
31. Minsky, Hyman P. 1978. "The Financial Instability Hypothesis: A Restate-ment," *Thames Papers in Political Economy*, Autumn. Reprinted in *Post Keynesian Economic Theory*, Philip Arestis and Thanos Skouras, eds.,New York: M. E. Sharpe, 1985, 24–55.
32. Minsky, Hyman P. 1979. "Financial Interrelation and the Balance of Payments,and the Dollar Crisis," in *Debt and the Less Developed Countries*, Jonathan David Aronson, ed., Boulder, CO: Westview Press, 103–122.
33. Minsky, Hyman P. 1980. "The Federal Reserve: Between a Rock and a Hard Place," *Challenge*, ay–June:30–36.
34. Minsky, Hyman P. 1980. "Capitalist Financial Processes and the Instability of Capitalism," *Journal of Economic Issues*, 14 (2), June: 505–523.
35. Minsky, Hyman P. 1980. "Finance and Profit: The Changing Nature of American Business Cycles," in *The Business Cycle and Public Policy, 1929–1980*, Joint Economic Committee, ed., Washington, DC: U.S.Government Printing Office. Reprinted in *Can "It" Happen Again?* Hyman P. Minsky, ed., 1982: 14–59.
36. Minsky, Hyman P. 1980. "Money, Financial Markets, and the Coherence of a Market Economy," *Journal of Post Keynesian Economics*, 3 (1), Fall: 21–31.

37. Minsky, Hyman P. 1980. "La Coerenza dell' Economia Capitalistica: I Fondamenti Marshalliani della Critica Keynesiana della Teoria Neo-Classica," *Giornale degli Economisti e Annali di Economia*, 34, March–April: 3–181.

38. Minsky, Hyman P. 1981. "Financial Markets and Economic Instability, 1965–1980," *Nebraska Journal of Economics and Business*, 20 (4), Autumn:5–17.

39. Minsky, Hyman P. 1981. "The Breakdown of the 1960s Policy Synthesis," *Telos*,(50): 49–58.

40. Minsky, Hyman P. 1982. "Can 'It' Happen Again? A Reprise," *Challenge*, July–August:5–13.

41. Minsky, Hyman P. 1982. "The Financial-Instability Hypothesis: Capitalist Processand the Behavior of the Economy," in *Financial Crises*, Charles P. Kindlerberger and Jean-Pierre Lafargue, eds., New York: Cambridge University Press, 13–39.

42. Minsky, Hyman P. 1982. "Debt Deflation Processes in Today's Institutional Environment," *Banca Nazionale del Lavoro-Quarterly Review*, (143), December: 375–393.

43. Minsky, Hyman P. 1983. "Institutional Roots of American Inflation," in *Inflationthrough the Ages: Economic, Social, Psychological and HistoricalAspects*, Nathan Schmukler and Edward Marcus, eds., New York:Brooklyn College Press, 266–277.

44. Minsky, Hyman P. 1983. "Pitfalls Due to Financial Fragility," in

Reaganomics in the Stagflation Economy, Philadelphia: University of Pennsylvania Press, 104–119.

45. Minsky, Hyman P. 1983. “The Legacy of Keynes,” *Metroeconomica*, 35, February–June:87–103. Reprinted in *Journal of Economic Education*, 16 (1),Winter 1985: 5–15.
46. Minsky, Hyman P. 1984. “Banking and Industry between the Two Wars: The United States,” *Journal of European Economic History*, 13 (SpecialIssue): 235–272.
47. Minsky, Hyman P. 1984. (with Steve Fazzari). “Domestic Monetary Policy: If Not Monetarism, What?” *Journal of Economic Issues*, 18 (1), March:101–116.
48. Minsky, Hyman P. 1984. (with Piero Ferri). “Prices, Employment, and Profits,” *Journal of Post Keynesian Economics*, 6 (4), Summer: 480–499.
49. Minsky, Hyman P. 1984. “Financial Innovations and Financial Instability: Observationsand Theory,” *Financial Innovations*, Federal Reserve Bank ofSt. Louis, ed., Boston: Kluwer-Nijhoff, 21–45.
50. Minsky, Hyman P. 1985. “Money and the Lender of Last Resort,” *Challenge*,March–April:12–18.
51. Minsky, Hyman P. 1985. “Beginnings,” *Banca Nazionale del Lavoro-Quarterly Review*, (154), September: 211–221.
52. Minsky, Hyman P. 1986. “An Introduction to Post-Keynesian Economics,” *Economic Forum*, 15, Winter: 1–13.
53. Minsky, Hyman P. 1986. “The Crises of 1983 and the Prospects for

Advanced Capitalist Economies," in *Marx, Schumpeter, Keynes*, Suzanne W. Helburnand David F. Bramhall, eds., New York: M. E. Sharpe, 284–296.

54. Minsky, Hyman P. 1986. "The Evolution of the Financial Institutions and the Performance of the Economy," *Journal of Economic Issues*, 20 (2), June: 345–353.
55. Minsky, Hyman P. 1986. "Global Consequences of Financial Deregulation," in *The Marcus Wallenberg Papers on International Finance*, Washington, DC: International Law Institute and School of Foreign Service,Georgetown University, 2 (1): 1–19.
56. Minsky, Hyman P. 1986. "Money and Crisis in Schumpeter and Keynes," in *The Economic Law of Motion of Modern Society*, Cambridge, UK: Cambridge University Press, 112–122.
57. Minsky, Hyman P. 1986. "Stabilizing an Unstable Economy: The Lessons for Industry, Finance and Government," in *Weltwirtschaft and Unterrelmerische Strategien*, Karl Aiginger, ed. (Vienna, Austria: ÖterreichischesInstitut für Wirtschaftsforschung), 31–44.
58. Minsky, Hyman P. 1986. "Conflict and Interdependence in A Multipolar World," *Studies in Banking and Finance*, 4: 3–22.
59. Minsky, Hyman P. 1987. (with Claudia Campbell) "How to Get Off the Back of a Tiger or, Do Initial Conditions Constrain Deposit Insurance Reform?" in *Merging Commercial and Investment Banking* (Proceedingsof a Conference on Bank Structure and Competition), Chicago: Federal Reserve Bank of Chicago, 252–266.

60. Minsky, Hyman P. 1989. “Financial Structures: Indebted- ness and Credit,” in *Money Credit and Prices in a Keynesian Perspective*, Alain Barrere,ed., New York: St. Martin’s Press, 49–70.

61. Minsky, Hyman P. 1989. (with Piero Ferri). “The Breakdown of the IS-LM Synthesis:Implication for Post-Keynesian Economic Theory,” *Review of Political Economy*, 1 (2), July: 123–143.

62. Minsky, Hyman P. 1989. “The Macroeconomic Safety Net: Does It Need to BeImproved?” in *Research in International Business and Finance*, Vol. 7, H. Peter Gray, ed., Greenwich, CT: JAI Press, 17–27.

63. Minsky, Hyman P. 1989. “Financial Crises and the Evolution of Capitalism: The Crash of ’87—What Does It Mean?” in *Capitalist Development and Crisis Theory:Accumulation, Regulation and Spatial Restructuring*, Market Gottdienerand Nicos Komninos, eds., New York: St. Martin’s Press, 391–403.

64. Minsky, Hyman P. 1990. “Schumpeter: Finance and Evolution,” in *Evolving Technologyand Market Structure*, Arnold Heertje and Mark Perlman,eds., Ann Arbor, MI: University of Michigan Press, 51–74.

65. Minsky, Hyman P. 1990. “Sraffa and Keynes: Effective Demand in the Long Run,” in *Essays in Piero Sraffa*, Krishna Bharadwaj and Bertram Schefold,eds., London: Unwin Hyman, 362–371.

66. Minsky, Hyman P. 1990. “Money Manager Capitalism, Fiscal Independence and International Monetary Reconstruction,” in *The Future of the Global Economic and Monetary System*, M. Szabó-Pels zi,ed.,

Budapest,Hungary: Institute for World Economics of the Hungarian Academy of Sciences.

67. Minsky, Hyman P. 1990. "Debt and Business Cycles," *Business Economics*, 25 (3), July: 23–28.

68. Minsky, Hyman P. 1991. "The Instability Hypothesis: A Clarification," in *The Risk of Economic Crisis*, Martin Feldstein, ed., Chicago: University of Chicago Press, 158–166.

69. Minsky, Hyman P. 1991. "The Endogeneity of Money," in *Nicholas Kaldor and Mainstream Economics*, Edward J. Nell and Willi Semmler, eds.,New York: St. Martin's Press, 207–220.

70. Minsky, Hyman P. 1992. (with Piero Ferri). "Market Processes and Thwarting Systems," *Structural Change and Economic Dynamics*, 3 (1): 79–91.

71. Minsky, Hyman P. 1992. (with Piero Ferri). "The Transition to a Market Economy:Financial Options," in *The Future of the Global Economic and Monetary Systems with Particular Emphasis on Eastern European Developments*, M. Szabó-Pels zi,ed., Budapest, Hungary: International Szirak Foundation, 107–122.

72. Minsky, Hyman P. 1992. "Profits, Deficits and Instability: A Policy Discussion," in *Profits, Deficits, and Instability*, Dimitri B. Papadimitriou, ed., New York: St. Martin's Press, 11–22.

73. Minsky, Hyman P. 1993. "Schumpeter and Finance," in *Market and Institutions in Economic Development*, Salvatore Biasco, Alessandro

Roncaglia, and Michele Salvati, eds., New York: St. Martin's Press, 103–115.

74. Minsky, Hyman P. 1993. "On the Non-Neutrality of Money," *Federal Reserve Bank of New York Quarterly Review*, 18 (1), Spring: 77–82.

75. Minsky, Hyman P. 1993. "Community Development Banks: An Idea in Search of Substance," *Challenge*, March–April:33–41.

76. Minsky, Hyman P. 1994. "The Financial Instability Hypothesis," in *The Elgar Companion to Radical Political Economy*, Philip Arestis and Malcom Sawyer, eds., Aldershot, UK: Edward Elgar.

77. Minsky, Hyman P. 1994. "Full Employment and Economic Growth as an Objective of Economic Policy: Some Thoughts on the Limits of Capitalism," *Employment, Growth and Finance*, Paul Davidson and Jan A.Kregel, eds., Aldershot, UK: Edward Elgar.

78. Minsky, Hyman P. 1994. "Integraço Financeira e Política Monetária," *Economiae Sociedade*, No. 3.

79. Minsky, Hyman P. 1994. "Financial Instability and the Decline (?) of Banking Public Policy Implications," in *Proceedings of a Conference on Bank Structure and Competition*, Chicago: Federal Reserve Bank of Chicago,55–64.

80. Minsky, Hyman P. 1995. "Longer Waves in Financial Relations: Financial Factorsin the More Severe Depression II," *Journal of Economic Issues*, 29 (1),March: 83–96.

81. Minsky, Hyman P. 1995. "The Creation of a Capitalist Financial System," in *The Global Monetary System after the Fall of the Soviet Empire*, M.

Szabó-Pels zi,ed., Aldershot, UK: Avebury, 153–170.

82. Minsky, Hyman P. 1995. "Financial Factors in the Economics of Capitalism," *Journal of Financial Services Research*, 9, 197–208. Reprinted in *Coping with Financial Fragility and Systemic Risk*, Harald A. Benink, ed.,Boston: Ernst and Young, 1995, 3–14.

83. Minsky, Hyman P. 1996. "The Essential Characteristics of Post-Keynesian Economics," in *Money in Motion*, Edward J. Nell and Ghislain Deleplace,eds., New York: St. Martin's Press, 70–88.

84. Minsky, Hyman P. 1996. "Uncertainty and the Institutional Structure of Capitalist Economies," *Journal of Economic Issues*, 30 (2), June: 357–368.

85. Minsky, Hyman P. 1996. (with Dimitri B. Papadimitriou, Ronnie J. Phillips, and L. Randall Wray). "Community Development Banks," in *Stability in the Financial System*, Dimitri B. Papadimitriou, ed., New York: St.Martin's Press, 385–399.

86. Minsky, Hyman P. 1996. (with Domenico D. Gatti and Mauro Gallegati). "Financial Institutions, Economic Policy, and the Dynamic Behaviorof the Economy," in *Behavioral Norms, Technological Progress, and Economic Dynamics: Studies in Schumpeterian Economics*, Ernst Helmstäter and Mark Perlman, eds., Ann Arbor, MI: University of Michigan Press, 393–412.

87. Minsky, Hyman P. 1997. (with Charles J. Whalen). "Economic Insecurity and the Institutional Prerequisites for Successful Capitalism," *Journal of Post Keynesian Economics*, 19 (2), Winter: 155–70.

访谈、答复、评论、讨论与前言

1. Minsky, Hyman P. 1958. Reply to Colin D. Campbell, *Quarterly Journalof Economics*, 72 (2), May: 297–300.
2. Minsky, Hyman P. 1963. Comments on Friedman and Schwartz's *Money and the Business Cycle*, *Review of Economics and Statistics*, 45 (1), Part 2, Supplement,February: 64–72.
3. Minsky, Hyman P. 1963. Financial Institutions and Monetary Policy—Discussion, *American Economic Review*, 53 (2), May: 401–412.
4. Minsky, Hyman P. 1969. Financial Model Building and Federal Reserve Policy—Discussion,*Journal of Finance*, 24 (2), May: 291–297.
5. Minsky, Hyman P. 1971. The Allocation of Social Risk—Discussion, *American Economic Review*, 61 (2), May: 388–391.
6. Minsky, Hyman P. 1979. The Carter Economics: A Symposium, *Journal of Post Keynesian Economics*, 1 (1): 42–45.
7. Minsky, Hyman P. 1980. Discussion of the Taylor Paper, *Federal Reserve Bank of St. Louis Review*, April: 113–126.
8. Minsky, Hyman P. 1988. Interview: "Back from the Brink," *Challenge*, January–February, 22–28.
9. Minsky, Hyman P. 1989. Comments on Benjamin M. Friedman and David I. Laibson's "Economic Implications of Extraordinary Movements in Stock Prices ; Comments and Discussion," Brookings Papers on Economic Activity, 2: 173–189.
10. Minsky, Hyman P. 1989. Foreword in *Financial Dynamics and Business*

Cycles,Willi Semmler, ed., New York: M. E. Sharpe, vii–x.

11. Minsky, Hyman P. 1995. Foreword in *The Chicago Plan & New Deal Banking Reform*,Ronnie J. Phillips, ed., New York: M. E. Sharpe.
12. Minsky, Hyman P. 1999. A Letter to the Conference in *Economic Theory and Social Justice*, Giancarlo Gandolfo and Ferruccio Marzano, eds., New York:St. Martin's Press, 253–254.

书籍评论

1. Minsky, Hyman P. 1952. *Cyclical Movements in the Balance of Payments* in *Journal of Political Economy*, 60 (2), April: 164–165.
2. Minsky, Hyman P. 1959. *Business Cycle and Economic Growth* in *American Economic Review*, 49 (1), March: 161–162.
3. Minsky, Hyman P. 1961. *Money in a Theory of Finance* in *Journal of Finance*, 16 (1),March: 138–140.
4. Minsky, Hyman P. 1961. *Collected Economic Papers, Vol. I* in *Journal of Political Economy*, 69 (5), October: 497–498.
5. Minsky, Hyman P. 1972. *The Demand for Money: Theories and Evidence* in *Econometrica*,40 (4), July: 778–779.
6. Minsky, Hyman P. 1972. *Money and Banking* in *Journal of Finance*, 27 (5), December:1184–1186.
7. Minsky, Hyman P. 1973. *American Monetary Policy, 1928–1941* in *Journal of Economic Literature*, 11 (2), June: 543–544.
8. Minsky, Hyman P. 1974. *Money and the Real World* in *Quarterly Review of*

Economics and Business, 14, Summer, 7–17.

9. Minsky, Hyman P. 1974. *Issues in Monetary Economics* in *Economic Journal*, 84(336), December: 996–997.
10. Minsky, Hyman P. 1976. *Did Monetary Forces Cause the Great Depression?* in *Challenge*, September–October:44–46.
11. Minsky, Hyman P. 1977. *Stagflation and the Bastard Keynesians* in *Journal of Economic Literature*, 15 (3), September, 955–956.
12. Minsky, Hyman P. 1981. *Essays on Economic Stability and Growth* in *Journal of Economic Literature*, 19 (4), December: 1574–1577.
13. Minsky, Hyman P. 1981. "James Tobin's *Asset Accumulation and Economic Activity*:A Review Article," *Eastern Economic Journal*, 7 (3–4), July–October:199–209.
14. Minsky, Hyman P. 1983. *Our Overloaded Economy* in *Journal of Economic Issues*, 17(1), March: 228–232.
15. Minsky, Hyman P. 1984. "Frank Hahn's *Money and Inflation*: A Review Article," *Journal of Post Keynesian Economics*, 6 (3): 449–457.
16. Minsky, Hyman P. 1985. *The Second Industrial Divide* in *Challenge*, July–August:60–64.
17. Minsky, Hyman P. 1985. *The Great Depression, 1929–1938:Lessons for the 1980s* in *Journal of Economic Literature*, 23 (3), September: 1226–1227.
18. Minsky, Hyman P. 1986. *The Zero-Sum Solution: Building a World-Class American Economy* in *Challenge*, July–August:60–64.

19. Minsky, Hyman P. 1987. *Financial Crises and the World Banking System* in *Journal of Economic Literature*, 25 (3), September: 1341–1342.

20. Minsky, Hyman P. 1987. *Casino Capitalism* in *Journal of Economic Literature*, 25(4), December: 1883–1885.

21. Minsky, Hyman P. 1988. *Secret of the Temple: How the Federal Reserve Runs the Country* in *Challenge*, May–June:58–62.

22. Minsky, Hyman P. 1990. *The Debt and the Deficit: False Alarms/Real Possibilities* in *Journal of Economic Literature*, 28 (3), September: 1221–1222.

工作论文与备忘录

1. Minsky, Hyman P. 1965. "Poverty: The 'Aggregate Demand' Solution and Other Non-Welfare Approaches," Institute of Government and Public Affairs, University of California, MR-41.

2. Minsky, Hyman P. 1969. "The Macroeconomics of a Negative Income Tax."

3. Minsky, Hyman P. 1971. *Notes on User Cost.*

4. Minsky, Hyman P. 1982. "On the Control of the American Economy."

5. Minsky, Hyman P. 1984. "Conflict and Interdependence in a Multipolar World," Washington University, WP No. 74, December.

6. Minsky, Hyman P. 1986. "Global Consequences of Financial Deregulation," Washington University, WP No. 96, December.

7. Minsky, Hyman P. 1991. "Financial Crises: Systemic or Idiosyncratic,"

Levy Economics Institute, WP No. 51, April.

8. Minsky, Hyman P. 1991. "Market Processes and Thwarting Systems," Levy Economics Institute, WP No. 64, November.
9. Minsky, Hyman P. 1991. "The Transition to a Market Economy: Financial Options," Levy Economics Institute, WP No. 66, November.
10. Minsky, Hyman P. 1992. "Reconstituting the United States' Financial Structure:Some Fundamental Issues," Levy Economics Institute, WP No. 69, January.
11. Minsky, Hyman P. 1992. "The Capital Development of the Economy and the Structure of Financial Institutions," Levy Economics Institute, WP No.72, January.
12. Minsky, Hyman P. 1992. "The Financial Instability Hypothesis," Levy Economics Institute, WP No. 74, May.
13. Minsky, Hyman P. 1992. (with Dimitri B. Papadimitriou, Ronnie J. Phillips, and L. Randall Wray). "Community Development Banks," Levy Economics Institute, WP No. 83, May.
14. Minsky, Hyman P. 1993. "Finance and Stability: The Limits of Capitalism," Levy Economics Institute, WP No. 93, May.
15. Minsky, Hyman P. 1993. (with Dimitri B. Papadimitriou, Ronnie J. Phillips, and L. Randall Wray). "Community Development Banking: A Proposalto Establish a Nationwide System of Community Development Banks," Levy Economics Institute, Public Policy Brief No. 3.
16. Minsky, Hyman P. 1994. "The Essential Characteristics of Post-Keynesian

Econo- mics," Milken Institute for Job and Capital Formation, WP No.94-2, February.

17. Minsky, Hyman P. 1994. (with Domenico Delli Gatti and Mauro Gallegati). "Financial Institutions, Economic Policy, and the Dynamic Behavior of the Economy," Levy Economics Institute, WP No. 126, October.
18. Minsky, Hyman P. 1994. "Financial Instability and the Decline (?) of Banking Public Policy Implications," Levy Economics Institute, WP No. 127, October.
19. Minsky, Hyman P. 1996. "Uncertainty and the Institutional Structure of Capitalist Economies," Levy Economics Institute, WP No. 155, April.
20. Minsky, Hyman P. 1996. (with Charles J. Whalen). "Economic Insecurity and the Institutional Prerequisites for Successful Capitalism," Levy Economics Institute, WP No. 165, May.